演習 保育内容総論

保育の総合性を読み解く

神田伸生・髙橋貴志 編著

天野珠路・請川滋大・片川智子・由田 新

萌文書林 HOUBUNSHORIN

はじめに

　2017（平成29）年に、幼稚園教育要領、保育所保育指針、幼保連携型認定こども園教育・保育要領が改訂（定）されました。現在、保育の場では、これらの文書に基づきながら日々実践が行われています。また、同年に小・中学校の、2018（平成30）年に高等学校の学習指導要領も改訂されました。今回の改訂のポイントの一つは、「知識及び技能」「思考力、判断力、表現力等」「学びに向かう力、人間性等」の3つをバランスよく育てるという観点が、就学前教育・保育施設から高等学校まで一貫したものとして示された点です。つまり、保育の場と小学校以降の学校教育の場が、子どもたちの育ちに対して願う内容を共有しようとしているのです。このような方針は、今までの改訂（定）には見られなかったことです。

　ただし、育ちへの願いを共有しようとする一方で、保育現場での指針や要領と、小学校以降の学習指導要領には、大きな「違い」があります。それは、あるものの「冊数」です。

　幼稚園教育要領、保育所保育指針、幼保連携型認定こども園教育・保育要領に対して、国はそれぞれ「解説」を作成しています。この「解説」はいずれも1冊です。対して、小学校学習指導要領の「解説」は14冊あります。なぜ、小学校は冊数が多いのでしょう。それは、教科・特別活動ごとに「解説」が作成されているからです。では、なぜ幼稚園、保育所、認定こども園はいずれも1冊だけなのでしょうか。

　実はこの「1」という数字に、保育内容の特性が表れているのです。小学校では「国語」「算数」など、教科ごとに学ぶ内容を考えますが、保育内容は総合的に考えます。保育内容を全体的なまとまりとして捉え、総合性を重視するのが保育現場なのです。

　本書では、保育内容における総合性をひもとくことを目指します。なぜ保育内容は総合的なものなのか。総合的に保育を捉えると、具体的にはどのような実践になるのか。こういったことを、様々な視点から考察し、読者の皆さんにも問いかけていきます。

　読者の皆さんが将来保育者として現場に立つとき、自ら日々の保育内容を構想し、実践できる力を獲得するための一助に、本書がなることを願います。

2019年6月
執筆者を代表して　髙橋貴志

目次

はじめに　3

序章　保育内容総論の理解のために　9

1　「教育」と「保育」　10
1.1　「教育」と「保育」を意識的に考える／1.2　「教育」と「保育」の共通項を考える意義

2　「保育」という言葉に込められた意味　12
2.1　学校教育法第22条、幼稚園の目的／2.2　日本最初の幼稚園と「保育」／2.3　今日の「保育」へとつながる理念

第1章　なぜ保育内容総論を学ぶのか　16
―― 保育の全体構造

1　「総論」であることの意味　16
1.1　「総論」と「各論」／1.2　幼稚園教育要領、保育所保育指針、幼保連携型認定こども園教育・保育要領からわかること／1.3　視点（切り口）としての「各論」

2　保育の場が目指すこと　19
2.1　保育の場が集団保育施設として目指すこと／2.2　保育の場が育みたい資質・能力（3つの資質・能力）／2.3　保育の場で育ってほしい姿（10の姿）

3　保育内容を総合的に捉える　26
3.1　3歳未満児の保育と3歳以上児の保育／3.2　養護の視点と教育の視点

第2章　保育内容の歴史的変遷とその社会的背景　29

1　保育内容の変遷　29
1.1　保育要領（1948年）における保育内容／1.2　幼稚園教育要領（1956年）における保育内容／1.3　告示化された幼稚園教育要領（1964年）／1.4　保育所保育指針の制定（1965年）／1.5　幼稚園教育要領（1989年）、保育所保育指針（1990年）における保育内容／1.6　幼稚園教育要領（1998年）、保育所保育指針（1999年）における保育内容／1.7　幼稚園教育要領（2008年）、保育所保育指針（2008年）における保育内容／1.8　幼保連携型認定こども園教育・保育要領の制定（2014年）

2　保育所保育、幼稚園教育、幼保連携型認定こども園の教育及び保育　35
2.1　現行の保育所保育指針、幼稚園教育要領、幼保連携型認定こども園教育・保育要領／2.2　3つの視点と5つの領域で示される保育内容／2.3　保育所保育、幼稚園教育、幼保連携型認定こども園の教育・保育の内容と展開

第3章　子どもの発達や生活に即した保育内容　41

1　子どもの発達に即した保育とは　41

2　乳児の発達と乳児保育への期待　42

3　幼児期前期の発達と保育　45

4　幼児期後期の発達と保育　48

4.1　遊びの分類／4.2　発達を見据えたねらい／4.3　小学校入学前の姿

第4章　養護と教育の一体性とは　54

1　ECECとしての保育　54

1.1　保育という言葉の多義性／1.2　EducationとCare／1.3　EducationとCareの関係

2　保育所における養護と教育の一体性　57

2.1　保育所保育の基本原則／2.2　養護と教育を「一体的に」行う／2.3　視点の一体化

3　就学前保育施設における養護と教育の一体性　60

3.1　幼保連携型認定こども園における養護と教育の一体性／3.2　幼稚園における養護と教育の一体性

第5章　子どもの生活と保育内容　64

1　現代の子どもの生活と保育内容との関わり　64

1.1　子どもの一日の生活／1.2　子どもの生活と少子化／1.3　子どもの生活とメディアとの関わり

2　保育の場における生活　68

2.1　保育所保育指針と幼稚園教育要領に見る、子どもに「ふさわしい生活」／2.2　生活を通した保育／2.3　「遊び」と「生活」

3　家庭の生活との連続性、総合性　72

4　見通しのもてる生活と主体性　74

第6章　子どもの遊びと保育内容　76

1　遊びをどう捉えるか　76
1.1　遊びの自発性／1.2　遊びの自己完結性／1.3　遊びの自己報酬性／1.4　遊びの自己活動性（自主性）

2　保育において遊びがなぜ重要なのか　80
2.1　遊びの中で育つ力／2.2　遊び込むことの大切さ／2.3　乳幼児期にふさわしい学び

3　遊びを通した保育の実践　82
3.1　時間の保障／3.2　どのような遊びの姿が求められているのか

4　遊びにおける保育者の基本的な役割　86
4.1　「自発的な活動」に対してどう関わるか／4.2　遊びは保育者が教えるもの？／4.3　生活の中で伝わる遊び、受け継がれる遊び／4.4　遊びを伝えていくための仕掛けづくり

第7章　環境を通して行う保育　91

1　乳幼児保育の基本　91

2　環境を通して行う保育　92
2.1　環境を通して行う保育の定義／2.2　環境を通して行う保育と子どもの自発性／2.3　遊びと生活を重視する考え方／2.4　環境を通して行う保育が目指すもの

3　「環境を通して」という学びと保育者　97
3.1　「環境を通して」という学びの方法／3.2　環境を通して行う保育と保育者の役割

4　環境を通して行う保育の具体的な展開　98
4.1　環境の重要性／4.2　園内の環境を捉える視点

5　保育環境を意識的に捉えること　107

第8章　保育における「領域」①　109
──保育の「ねらい」と「内容」

1　保育内容とは　109
1.1　遊び、生活を通して子どもが体験していること／1.2　子どもの体験と保育内容／1.3　子どもの体験・経験内容を捉える目としての視点：領域

2　保育の総合性とは　114
2.1　生活や遊びを通して総合的に育つ／2.2　子どもの姿から捉える保育の総合性

3　一斉の活動と領域　118

4 「領域」とは何かについてもう一度考える　119

第9章　保育における「領域」②　122
―― 記録・計画・評価と領域の関係

1 総合的な遊び、生活のための指導計画　122

2 「領域」の考え方と指導計画　123

3 保育における評価とは　128
　3.1 保育実践全体を捉える評価／3.2 保育を評価する目を自分自身でもつ

4 計画、評価の基となる記録　131
　4.1 保育における記録とは／4.2 保育者の関わりの基となる願いと子ども理解／4.3 記録と計画・評価との関係／4.4 Let's go街の子ウォッチング

第10章　多様な保育の場における保育内容①　140
―― 地域型保育

1 子ども・子育て支援新制度　140
　1.1 子ども・子育てを取り巻く状況／1.2 子ども・子育て支援新制度

2 地域型保育事業　142
　2.1 地域型保育事業／2.2 小規模保育／2.3 家庭的保育／2.4 居宅訪問型保育／2.5 事業所内保育

3 様々な保育の場　146
　3.1 認可外保育施設／3.2 ベビーシッターによる在宅保育／3.3 ファミリーサポートセンター

4 地域型保育事業等の保育内容　147
　4.1 保護者のニーズに応える／4.2 地域型保育事業その他の保育内容

第11章　多様な保育の場における保育内容②　151
―― 延長保育・預かり保育

1 保育と子育て支援　151
　1.1 様々な保育や子育て支援の場／1.2 地域子ども・子育て支援事業／1.3 幼稚園における預かり保育

2 多様な保育の場　154
　2.1 延長保育／2.2 病児保育／2.3 一時預かり事業

3 多様な保育を進めていくために　157
　3.1 職員間の協力・連携／3.2 日常保育に根差した多様な保育

第12章 様々な配慮を要する子どもの保育 159

1 「障害のある子ども」の保育 159

1.1 指導計画の作成／1.2 健康及び安全への配慮／1.3 保護者に対する子育て支援／1.4 様々な保護者への対応

2 他機関との連携 165

3 多文化共生の保育 167

第13章 小学校教育との接続 171

1 小学校教育との接続をなぜ問うのか 171

1.1 小1プロブレム／1.2 「教科」と「領域」／1.3 到達目標と方向目標／1.4 「生活」「遊び」と「授業」

2 アプローチカリキュラムとスタートカリキュラム 176

2.1 「ゼロスタート」ではない／2.2 幼小接続期カリキュラムとは

3 学力の3要素と保幼小の接続 179

第14章 現代社会の特質と保育内容 181

1 なぜ現代社会の特質を問うのか 181

1.1 幼稚園教育要領等の内容と社会／1.2 情報化社会と保育内容／1.3 保育の質の向上と実践の可視化（ICTの活用）

2 「保育サービス」の問い直し 187

2.1 サービスとニーズ／2.2 サービス・ニーズと保育内容

3 社会との関係で保育内容を考える 188

［凡例］
・「事例」は、注釈がない限り、執筆者自身が観察等で出会った出来事や、保育者からの聞き取りなど、実際のエピソードに基づくものである。ただし、初学者の学びに合わせて適宜改変をしている。また、子どもの名前はすべて仮名である。
・以下の語句は、各章の初出箇所・見出し以外は以下のとおり略記する。
　幼稚園教育要領：教育要領
　保育所保育指針：保育指針
　幼保連携型認定こども園教育・保育要領：教育・保育要領
・引用文に付した下線・傍点はすべて執筆者による。

序章 保育内容総論の理解のために

　この序章は、これから皆さんが学ぶ保育内容総論の理解を助けるために執筆しました。序章で伝えたい主旨は2つあり、それぞれ第1節、第2節としてまとめています。

　第1節では、皆さんに「教育」「保育」という言葉について意識的に考えてもらいます。保育者養成の教科目である保育内容総論には、「保育」という言葉、「教育」という言葉が何度も出てきます。おそらく一番多く使用される言葉だと思います。この「保育」という言葉、「教育」という言葉は、日常語といって、普段の日常生活の中で誰もが何げなく使っています。ところが、保育内容総論の中の「教育」「保育」は、教育学、保育学に裏付けられた専門用語として用いられます。ということは、皆さんが保育内容総論を学ぶときに、「この「教育」「保育」という言葉の意味は？」と立ち止まって考えてみることが必要になってきます。本章は、そのように考えてみる必要性を説明して、保育内容総論を理解するための予備的な役割を果たしたいのです。

　ただし、立ち止まって考えるのは、「これは保育でなくて教育だ」とか「これは教育でなくて保育だ」などと、教育や保育の意味をこと細かく分断して考えるためではありません。逆に、そこに「共通する同じこと」を見つけて、その上で教育、保育の特質について考え、学んでほしいからです。

　続く第2節も、上記の目的を引き継いでいます。「教育や保育の意味を分断して捉えるためではなく、共通する要素を見つけて、その上で教育、保育の特質について考え学んでいく」ために、幼稚園の最初の設立と保育という言葉の結びつきについて学びます。明治時代になって幼稚園ができたとき、もとからあった「教育」という言葉でなく、「保育」という言葉が使われました。当時の「保育」という言葉は、今日の幼稚園で行われている「教育」と、その方法・目的ともにほとんど同じであったということを確認していきます。ここでいう「保育」の意味を正しく受けとめ、理解しておくことは、幼稚園、保育所、認定こども園など様々な施設で、様々な年齢の乳幼児

に「保育」や「教育」が行われている今日、そこに通底すること（本質）を見いだすのに役立つはずです。そして、そのような学びが、「保育内容総論」全体を理解するためにも役立つはずです。

1 「教育」と「保育」

1.1 「教育」と「保育」を意識的に考える

いま、皆さんに、以下の2つのレポート課題が出されたとします。
①教育と保育が「異なっている」と思う点について、できるだけ多くの具体例をあげて説明してみましょう。
②教育と保育が「同じである」と思う点について、できるだけ多くの具体例をあげて説明してみましょう。

ここでは、簡単でよいので、例をあげて説明してみてください。どちらのレポート課題が易しく、あるいは難しく感じられましたか。それは、なぜでしょうか。易しい、あるいは難しいと感じた理由も整理してみてください。

おそらく、①の課題が易しく、②の課題が難しく感じられたと思います。①の課題は、普段、私たちが「教育」「保育」という言葉で理解し説明してきたことを列挙し、その違いを説明できるでしょう。ところが、②の課題についてはどうでしょうか。多少なりとも戸惑いがあったのではないでしょうか。その戸惑いの一例として、Aさん、Bさん、Cさんに登場してもらいます。皆さんと同じ、学生（初学者）の人たちです。以下は、②の課題に対する彼らの答えです。

Aさん：②の、課題の意味がわからない。
Bさん：教育も保育も「育」という字が使われているから、どちらも育てるということでは同じかな。
Cさん：保育所の先生も小学校の先生もやさしかったから、保育にも教育にも愛が必要ということでは同じかな。

このように、いろいろな答え方が考えられます。しかし、ここでAさん、Bさん、Cさんに共通していることがあります。3人とも、普段あまり意識して使っていない「教育」「保育」という言葉が、課題（問いかけ）によっては「易しく」感じられたり「難しく」感じられたりする、と気がついたのです。

Aさんは、教育と保育の同じところなんて考えてみたことがなかったのでしょう。課題の意味がわからないと、率直に答えています。

　Bさんは、保育という言葉と教育という言葉に共通している「育」という言葉に気がついて、「育てるということでは同じかな」と言っています。おそらく、Bさんはこの後、「育てるという意味では同じだけど、教育で言う「育てる」とは？　保育で言う「育てる」とは？」といったことも考えたり、調べたりして、②の課題に答えることができるでしょう。こうして、Bさんは②の課題の意味に気づいただけでなく、それを説明し、課題の意味を理解できるようになっていきます。

　Cさんは、「どちらにも愛が必要だが、保育にとって必要な愛とは？　教育にとって必要な愛とは？」といったことを考えたり調べたりして、②の課題に答えることができると思います。そして、Bさんと同様に、課題の意味を説明し理解できるようになっていくでしょう。

　Aさんは、現状では、思考停止状態に陥っています。課題の意味を再度考えたり、丁寧に説明してもらったり、BさんやCさんなどの答え方から理解していったりする必要があります。Aさんの保育の学びは、ここからスタートします。もちろん、Aさんにもこの課題の意味だけでなく、その意義も理解できるようになってほしいと思います。

1.2　「教育」と「保育」の共通項を考える意義

　ここで筆者が皆さんに気づいてほしかったのは、私たちが普段何となく行っている「何かを比較する」行為のためには、比較するための物差しが必要だということです。何かを比較する（違いに気がつく）ためには、どんな物差し、つまり、どんな基準・文脈で比較すればよいか、わかっていないとできません。Bさんは、「育の字」という物差しを見つけたので、それを基に違いを検証したり、新たな物差しを発見したりできると考えられます。物差しにまだ気づいていないAさんは、たとえ、①の課題について多くの例をあげて説明することができても、比較としてはほとんど意味がないでしょう。

　多くの学問、科学はこの共通の物差しを基にして成り立っています。例えば、「女性が6人、男性が3人います。女性と男性では、どちらがどれだけ多いでしょうか」という単純な問いでも、回答者の中に「人数」という物差しがあって初めて「女性のほうが3人多い」と答えられるのです。その物差しがないと、「女性から男性を引くことなんてできない」「何が聞きたいのかわからない」と戸惑うでしょう。つまり、この問いに答えようとするとき、まず「男も女も同じ「人」に変わりはない」と考え、

共通する基準を設けてから比較をする、といった思考のプロセスがあるということです。私たちは、日常生活で、このような複雑な思考を無意識のうちに積み重ねているのです。「教育」も「保育」も、普段は日常語として扱われ、それぞれの個別性を表す言葉、他から区別され違いを表す言葉として使われています。

　ところが教育学、保育学では、「教育」も「保育」も重要な専門用語として使われています。前述した①の課題は、日常使っている保育、教育という言葉だけでも説明できるために「易しく」感じられたのです。そして、②の課題では、「教育」「保育」に「共通すること＝物差し」を意識し、考えることを通して、教育と保育とでは「ここは同じだが、ここは違う」というように、「教育」「保育」それぞれの言葉のもつ本質と特質に気づいてもらい、教育学、保育学という学問のスタートラインに立っていただきたかったのです。

　保育内容総論という教科目では、教育という言葉と保育という言葉が最も重要な言葉（キーワード）として用いられ、しかも最も多く使用されます。このテキストでも、これらの言葉が出てきたときには、必要に応じてそこで一度立ち止まって、これらの言葉に共通することについて考えるようにしてください。

2　「保育」という言葉に込められた意味

2.1　学校教育法第22条、幼稚園の目的

　皆さんは、「幼稚園は教育行政上、学校教育に属し、教育が行われるところ」と考えているかもしれません。しかし、現行の学校教育法第22条では、次のように幼稚園の目的を「保育」という言葉を使って定めています。

　　　幼稚園は、義務教育及びその後の教育の基礎を培うものとして、幼児を保育し、幼児の健やかな成長のために適当な環境を与えて、その心身の発達を助長することを目的とする。

　幼稚園は幼児を「教育し」ではなくて「保育し」と定められています。この、「保育」という言葉にはどのような意味があるのでしょうか。「保育」という言葉の過去に遡って調べてみることにします。

2.2 日本最初の幼稚園と「保育」

日本に近代的な学校教育制度ができたのは、1872（明治5）年に学制が定められてからでした。学制では、幼稚園（幼稚小学）について次のように定めていました。「幼稚小学ハ男女ノ子弟六歳迄ノモノ小学ニ入ル前ノ端緒ヲ教ルナリ」と。しかし、この「幼稚小学」は法律上だけで、実際は存在しませんでした。当時は、法律や制度を早く整え、他国に肩を並べ認めてもらう必要があったからです。

実際に幼稚園が設立されたのは、1876（明治9）年の、東京女子師範学校附属幼稚園が最初でした。そして、この附属幼稚園の規則中で次のように保育という言葉が使われていました。

　　第七条　園中ニアリテハ保姆小児保育ノ責ニ任ス故ニ（以下略）
　　第十条　小児保育ノ時間ハ毎日四時トス（以下略）[1]

ここで、日本で初めて公的に「保育」という言葉が使用されたといわれています。このときの「保育」という言葉には、どのような意味が込められているのでしょうか。制度上の「幼稚小学」では、「小学ニ入ル前ノ端緒ヲ教ルナリ」と定められていました。

2.3 今日の「保育」へとつながる理念

当時、文部大輔（大臣）だった田中不二麿と東京女子師範学校摂理（校長）だった中村正直は、一日も早く幼稚園を創設してくれるよう、太政大臣（内閣制度がまだないので、実質上の総理大臣）の三条実美に嘆願書を届けています。幼稚園創設の嘆願書といっても、当時は、ほとんどの人が幼稚園について見たことも聞いたこともありませんでした。そこではどんなことをするのか、どんな意義があるのか、誰も知らないのです。そのことを念頭に置きつつ、この嘆願書がどれほど切実な意見であったかということを想像しながら、以下の嘆願書の引用文をじっくり読み味わってください。そして、この嘆願書が受け入れられて附属幼稚園が誕生し、そこで「保育」という言葉が使われたという状況も想像してみてください。そうすると、先ほどの「保育」という言葉の意味と意義を理解できるはずです。

明治8年7月7日
幼稚園開設之儀／学齢未満の幼稚に至っては、<u>誘導の方其宜を得ざる</u>が如く（中略）因って這回東京女子師範学校内に於て幼稚園を創置し、茲に幼稚の子女凡百人を入れ<u>看護扶育</u>以って[2]（以下略）

筆者現代語訳：
幼稚園開設の儀／学齢に達していない幼児の段階では、<u>どのように幼児を誘い導いてよいのか、その方法がわからずにいます</u>。（中略）そこで、東京女子師範学校に幼稚園を設立して、そこに100人くらいの幼児を入園させて、<u>看（ミ）護（マモリ）つつ育ちを扶（タス）け</u>ることを（したいのです）

明治8年8月25日
再応伺／右幼稚園の儀は児輩の為め良教師をして<u>専ら扶育誘導せしめ遊戯中不知不知就学の階梯に就かしむるものにして教育の基礎全く茲に立つべく</u>[3]（以下略）

筆者現代語訳：
再お伺い／いま申しました幼稚園というのは、子どもたちのためにすぐれた教師によって<u>ひたすら育つのを扶（タス）け、誘い導くような方法で、遊びを通して知らず知らずのうちに小学校の段階まで到達させるところで、教育の基礎は全くここに立脚する</u>（ことになります）

　下線部に着目すると、今日でいう「保育」という意味のほとんどがここで説明されていることに気がつくと思います。「看護扶育」は、「幼児を見守り、理解しつつ成長・発達を助ける」という意味で、今日の保育とつながっています。さらに、「遊びを通して知らず知らずのうちに小学校の段階までに達するので教育の基礎はここで養われる」といっているのですから、本節の2.1で紹介した現行の学校教育法第22条で定めている現代の幼稚園の目的と一致しています。そして、ここで何よりも強調し確認しておきたいことは、この目的を達成するための特別な幼児の教育として「保育」という言葉が使われ、それが今日まで連綿と続いているということです。
　もちろん、今日までに、幼稚園の教育、保育所の保育、認定こども園の教育・保育を根拠づけている様々な根拠法律の改定がありました。そして、それを受けて、幼稚園教育要領、保育所保育指針、幼保連携型認定こども園教育・保育要領の改訂（定）も行われてきました。しかし、日本の就学前の教育、保育は、この「保育」という言

葉を中心にして行われていることは事実といえるでしょう。例えば、以降の章で扱う「保・幼・小の連携と接続」「幼稚園教育において育みたい資質・能力」「幼児期の終わりまでに育ってほしい姿」「乳児保育に関わるねらい及び内容」「1歳以上3歳未満児の保育に関わるねらい及び内容」などの意味や意義を正しく理解し説明するためには、この「保育」という意味を中核に置く必要があります。「中核」という意味は、この序章全体を通して使用してきた言葉を使えば、「共通する同じこと（本質）」です。この「共通する同じこと（本質）」を絶えず意識的に考えながら、保育内容総論の学びを進めていってほしいと思います。

注
1）倉橋惣三・新庄よしこ『日本幼稚園史』臨川書店、1983、p.50
2）同上、p.31
3）同上、p.32

第1章
なぜ保育内容総論を学ぶのか
―― 保育の全体構造

1 「総論」であることの意味

1.1 「総論」と「各論」

　これから「保育内容総論」を学ぶ皆さんに、「総論」と「各論」を学ぶ意味についてまずお話したいと思います。総論とは全体にわたって展開する議論のこと、各論とは全体を細かい項目に分けた議論のことです。

　この総論と各論を、保育者になるための学びに照らし合わせてみましょう。皆さんが学ぶカリキュラムを思い出してください。教育、心理、児童福祉、音楽、栄養、保健など、学びの領域が広範囲であることに気づくと思います。これら一つ一つは、「保育という営みを構成する細かい項目」という意味では各論です。

　保育者になるためには、これら各論の学びを結びつけて理解する、つまり「総論的に」学ぶことが重要です。実際の保育場面では各論の要素が複雑に絡み合っており、子どもたちはその中で発達していくからです。様々な各論を学び、さらに、それらの内容を結びつけて（総論として）理解することが、保育を学ぶ際に大切なのです。

演　習　①2歳児クラスの食事場面の援助に必要な視点をあげてみましょう。
　　　　　②その視点について学んだ授業を書き出してみましょう。
　　　　〔例〕必要な視点：2歳児の身体的生理的発達（咀嚼・消化能力、手指の巧緻性）
　　　　　　　学んだ授業：子どもの保健、保育内容健康、保育の心理学（発達心理学）

　　　　　　　　　　　　　　　　　　　　　　　　　　　　　　　　　　　　　　
　　　　　　　　　　　　　　　　　　　　　　　　　　　　　　　　　　　　　　
　　　　　　　　　　　　　　　　　　　　　　　　　　　　　　　　　　　　　　

発展演習　グループになって意見交換をしてみましょう。

1.2 幼稚園教育要領、保育所保育指針、幼保連携型認定こども園教育・保育要領からわかること

幼稚園教育要領、保育所保育指針、幼保連携型認定こども園教育・保育要領の記述の中で、「総合的」という表現を含む記述を抜粋してみましょう。

幼稚園教育要領

幼児の自発的な活動としての遊びは、心身の調和のとれた発達の基礎を培う重要な学習であることを考慮して、遊びを通しての指導を中心として第2章に示すねらいが<u>総合的</u>に達成されるようにすること。[第1章 総則-第1 幼稚園教育の基本-2]

幼稚園生活の全体を通して第2章に示すねらいが<u>総合的</u>に達成されるよう、教育課程に係る教育期間や幼児の生活経験や発達の過程などを考慮して具体的なねらいと内容を組織するものとする。[第1章 総則-第3 教育課程の役割と編成等-3 教育課程の編成上の基本的事項-(1)]

各領域に示すねらいは、幼稚園における生活の全体を通じ、幼児が様々な体験を積み重ねる中で相互に関連をもちながら次第に達成に向かうものであること、内容は、幼児が環境に関わって展開する具体的な活動を通して<u>総合的</u>に指導されるものであることに留意しなければならない。[第2章 ねらい及び内容]

保育所保育指針

子どもが自発的・意欲的に関われるような環境を構成し、子どもの主体的な活動や子ども相互の関わりを大切にすること。特に、乳幼児期にふさわしい体験が得られるように、生活や遊びを通して<u>総合的</u>に保育すること。[第1章 総則-1 保育所保育に関する基本原則-(3)保育の方法-オ]

保育所は、(中略)各保育所の保育の方針や目標に基づき、子どもの発達過程を踏まえて、保育の内容が組織的・計画的に構成され、保育所の生活の全体を通して、<u>総合的</u>に展開されるよう、全体的な計画を作成しなければならない。[第1章 総則-3 保育の計画及び評価-(1)全体的な計画の作成-ア]

> **幼保連携型認定こども園教育・保育要領**
>
> 　乳幼児期における自発的な活動としての遊びは、心身の調和のとれた発達の基礎を培う重要な学習であることを考慮して、遊びを通しての指導を中心として第2章に示すねらいが<u>総合的に</u>達成されるようにすること。［第1章 総則－第1 幼保連携型認定こども園における教育及び保育の基本及び目標等－1幼保連携型認定こども園における教育及び保育の基本－（3）］
>
> 　幼保連携型認定こども園における生活の全体を通して第2章に示すねらいが<u>総合的に</u>達成されるよう、教育課程に係る教育期間や園児の生活経験や発達の過程などを考慮して具体的なねらいと内容を組織するものとする。［第1章 総則－第2 教育及び保育の内容並びに子育ての支援等に関する全体的な計画等－1 教育及び保育の内容並びに子育ての支援等に関する全体的な計画の作成等－（3）教育及び保育の内容並びに子育ての支援等に関する全体的な計画の作成上の基本的事項－ア］

　これらの記述を整理すると、「ねらい」は総合的に達成されるものであること、「内容」は総合的に指導されるものであること、生活や遊びを通した総合的な保育が基本とされていること、がわかります。特に、「生活や遊びを通して総合的に保育すること」という記述からは、保育を「総論」として捉えることの必要性が読み取れます。なぜなら、生活や遊びこそ、多くの「各論」が絡み合って成り立つ代表的なものと考えられるからです。

　「子どもの生活とは？」「子どもの遊びとは？」と問われたとき、あなたはどのように答えますか。また、あなたの友人はどのように答えるでしょうか。生活も遊びも一般的な言葉ですから、答えられないことはないでしょう。しかし、あなたと友人の回答は、全く同じものにはならないはずです。生活や遊びは、多くの構成要素（各論）から成り立っているため、焦点の合わせ方、切り取り方によって回答が異なるからです。

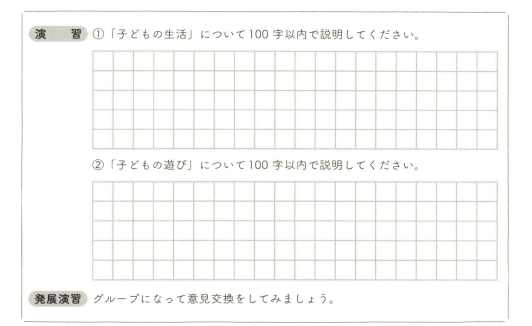

1.3 視点（切り口）としての「各論」

　生活、遊び、保育など、「総論」の枠組みで考えられるものは、容易に理解できそうにも見えます。これらは、多くの要素、つまり「各論」から成り立っているため、自分の知識や興味関心等に沿った「各論」を切り取れば、自分なりの説明ができてしまうからです。とすれば、その説明が妥当かどうか検討するとき、どのような視点（切り口）から説明したか、について検証しなくてはなりません。つまり、「各論」に関しての問い直しです。

　「総論」について正確に説明するためには、「各論」を点検する姿勢が必要です。そしてこのような姿勢こそ、後の章で詳説する、保育内容の「5領域」を学ぶ基盤になります。

2 保育の場が目指すこと

2.1 保育の場が集団保育施設として目指すこと

　幼稚園、保育所、幼保連携型認定こども園の集団保育施設としての目的は、依拠する法律によってそれぞれ規定されています。

幼稚園
　　幼稚園は、義務教育及びその後の教育の基礎を培うものとして、幼児を保育し、幼児の健やかな成長のために適当な環境を与えて、その心身の発達を助長することを目的とする。［学校教育法第22条］

保育所
　　保育所は、保育を必要とする乳児・幼児を日々保護者の下から通わせて保育を行うことを目的とする施設（利用定員が20人以上であるものに限り、幼保連携型認定こども園を除く。）とする。［児童福祉法第39条］

幼保連携型認定こども園
　　この法律において「幼保連携型認定こども園」とは、義務教育及びその後の教育の基礎を培うものとしての満3歳以上の子どもに対する教育並びに保育を必要とする子どもに対する保育を一体的に行い、これらの子どもの健やかな成長が図られるよう適当な環境を与えて、その心身の発達を助長するとともに、保護者に対する子育ての支援を行うことを目的として、この法律の定めるところにより設置される施設をいう。［就学前の子どもに関する教育、保育等の総合的な提供の推進に関する法律第2条7］

　これらの目的は、3つの集団保育施設が、それぞれの特性に基づいて目指す内容を示したものです。一読すると、3つの保育の場が各々目指す内容に共通点と相違点があることが確認できます。保育内容について直接言及しているものではありませんが、保育内容を学ぶ際の前提として押さえておいてください。

2.2　保育の場が育みたい資質・能力（3つの資質・能力）
　教育要領、保育指針、教育・保育要領に共通して見られる記述として、次の内容があります。

第1章　なぜ保育内容総論を学ぶのか

> 幼稚園教育要領　保育所保育指針　幼保連携型認定こども園教育・保育要領
>
> （1）豊かな体験を通じて、感じたり、気付いたり、分かったり、できるようになったりする「知識及び技能の基礎」
> （2）気付いたことや、できるようになったことなどを使い、考えたり、試したり、工夫したり、表現したりする「思考力、判断力、表現力等の基礎」
> （3）心情、意欲、態度が育つ中で、よりよい生活を営もうとする「学びに向かう力、人間性等」〔教育要領、保育指針、教育・保育要領のいずれにおいても第1章総則に記載〕

　この（1）から（3）は、幼稚園については「幼稚園教育において育みたい資質・能力」として、保育所については「幼児教育を行う施設として共有すべき事項」の中の「育みたい資質・能力」として、幼保連携型認定こども園については「幼保連携型認定こども園の教育及び保育において育みたい資質・能力」として記載されています。前述したように、法律上の規定では3つの保育の場の目的に異なる点もありますが、「育みたい資質・能力」という点では3つの場が全く同じであることがわかります。

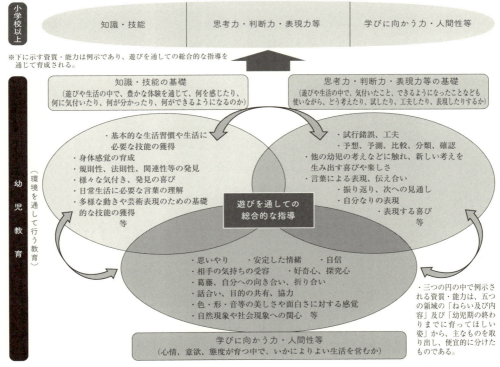

図1-1 幼児教育において育みたい資質・能力の整理
出所：中央教育審議会初等中等教育分科会教育課程部会幼児教育部会資料（平成28年8月26日）

21

図1-1は、「知識及び技能の基礎」「思考力、判断力、表現力等の基礎」「学びに向かう力、人間性等」について、小学校以降の学校教育との関連も含めて示したものです。図の「小学校以上」の部分に、「知識・技能」「思考力・判断力・表現力等」「学びに向かう力・人間性等」という記述が見られます。図の「幼児教育」における表現から「の基礎」という言葉を抜くと、「小学校以上」と全く同じになります。

　小学校以降の学校教育では、学習指導要領に学習内容の基準が示されます。2017（平成29）年に改訂され、2020年度以降に各学校で実施される学習指導要領に、「育みたい資質・能力」として「知識及び技能」「思考力、判断力、表現力等」「学びに向かう力、人間性等」が示されており、これらを学力の3要素としています。

　この3つの要素が、保育の場でもほぼ同じ表現で記述されているのは、乳幼児期から小学校以降の学校教育までを、一貫した目標のもとに進めていくことが目指されているからです。つまり、「育みたい資質・能力」が、就学前までに完成されるべきものではなく、小学校以降の学校教育にバトンタッチされていくものであると読み取れます。この点については第13章で詳しく述べます。

　では、保育の場において「知識及び技能の基礎」「思考力、判断力、表現力等の基礎」「学びに向かう力、人間性等」を具体的にどのようにイメージすればよいか、遊びの場面を例にして考えてみます。図1-1を見ると、この3つの資質・能力は別個に育まれるのではなく、「遊びを通しての総合的な指導」によって相互に関連し合いながら育まれることがわかります。この点を念頭に置いて検証してみましょう。

　砂場で、子どもたちがトンネルを作っています。その際に、子どもたちに必要とされる(1)知識・技能として考えられるものは何でしょう。また、この遊びの中で発揮される可能性のある(2)思考力・判断力・表現力は、具体的にどのような姿に現れるでしょう。さらに、(3)学びに向かう力は、具体的にどのような姿に現れるでしょうか。

例えば、次のような答えが考えられます。

まず、(1) 知識・技能について見ていきましょう。砂でトンネルを作る際に必要なものはもちろん「砂」ですが、トンネルが掘れるような砂山を作るときは、頑丈にするために「水」を少しかける必要があります。その水は「水道」から出てきます。また、水を砂場まで持っていくには、「バケツ」などに水を溜めて「こぼさないように運ぶ」ことが必要です。そして、バケツの水を「適量、砂山にかける」ことも求められます。つまり、トンネル作りをするためには、「砂」「水」「水道」「バケツ」などに関する知識と、「こぼさないように運ぶ」「適量、砂山にかける」といった技能が要求されることがわかります。

次に (2) 思考力・判断力・表現力に関してはどうでしょう。トンネル作りは、砂山に穴を空けて貫通させるわけですから、山の高さや穴の大きさの判断を間違えると簡単に崩れてしまいます。そのとき、崩れにくい山にするために適切な高さ、適切な穴の大きさについてあれこれ考える子どもの姿はまさに、思考力や判断力を発揮している姿といえるでしょうし、砂山やトンネルそのものが表現力を発揮した結果といえます。また、トンネルが完成したときに喜びの声をあげる姿なども表現力の表れと見ることができるでしょう。

最後に (3) 学びに向かう力ですが、トンネル作りは一回で成功するとは限りません。山が崩れるたびにがっかりしても、再チャレンジする意欲によって、失敗を乗り越えて完成を目指せると考えられます。このように考えると、3つの資質・能力は一つの遊びの中に相互に関連し合いながら総合的に存在していることがわかります。

演習 子どもたち（4歳児）が、ままごと遊びをしています。
①子どもたちに必要とされる(1) 知識・技能として何が考えられるでしょう。
②この遊びの中で発揮される可能性のある(2) 思考力・判断力・表現力は、具体的には子どもたちのどのような姿に現れるでしょう。
③(3) 学びに向かう力は、具体的には子どもたちのどのような姿に現れるでしょう。

2.3　保育の場で育ってほしい姿（10の姿）

　3つの資質・能力と併せて、現行の教育要領、保育指針、教育・保育要領には、子どもがそれぞれの保育の場での生活を終えるまでに「育ってほしい姿」として、以下の10項目が示されています（ここでは、教育要領から引用します）。

> 幼稚園教育要領　保育所保育指針　幼保連携型認定こども園教育・保育要領
>
> （1）健康な心と体
> 　　幼稚園生活の中で、充実感をもって自分のやりたいことに向かって心と体を十分に働かせ、見通しをもって行動し、自ら健康で安全な生活をつくり出すようになる。
>
> （2）自立心
> 　　身近な環境に主体的に関わり様々な活動を楽しむ中で、しなければならないことを自覚し、自分の力で行うために考えたり、工夫したりしながら、諦めずにやり遂げることで達成感を味わい、自信をもって行動するようになる。
>
> （3）協同性
> 　　友達と関わる中で、互いの思いや考えなどを共有し、共通の目的の実現に向けて、考えたり、工夫したり、協力したりし、充実感をもってやり遂げるようになる。
>
> （4）道徳性・規範意識の芽生え
> 　　友達と様々な体験を重ねる中で、してよいことや悪いことが分かり、自分の行動を振り返ったり、友達の気持ちに共感したりし、相手の立場に立って行動するようになる。また、きまりを守る必要性が分かり、自分の気持ちを調整し、友達と折り合いを付けながら、きまりをつくったり、守ったりするようになる。
>
> （5）社会生活との関わり
> 　　家族を大切にしようとする気持ちをもつとともに、地域の身近な人と触れ合う中で、人との様々な関わり方に気付き、相手の気持ちを考えて関わり、自分が役に立つ喜びを感じ、地域に親しみをもつようになる。また、幼稚園内外の様々な環境に関わる中で、遊びや生活に必要な情報を取り入れ、情報に基づき判断したり、情報を伝え合ったり、活用したりするなど、情報を役立てながら活動するようになるとともに、公共の施設を大切に利用するなどして、社会とのつながりなどを意識するようになる。
>
> （6）思考力の芽生え

身近な事象に積極的に関わる中で、物の性質や仕組みなどを感じ取ったり、気付いたりし、考えたり、予想したり、工夫したりするなど、多様な関わりを楽しむようになる。また、友達の様々な考えに触れる中で、自分と異なる考えがあることに気付き、自ら判断したり、考え直したりするなど、新しい考えを生み出す喜びを味わいながら、自分の考えをよりよいものにするようになる。

（7）自然との関わり・生命尊重
　　　自然に触れて感動する体験を通して、自然の変化などを感じ取り、好奇心や探究心をもって考え言葉などで表現しながら、身近な事象への関心が高まるとともに、自然への愛情や畏敬の念をもつようになる。また、身近な動植物に心を動かされる中で、生命の不思議さや尊さに気付き、身近な動植物への接し方を考え、命あるものとしていたわり、大切にする気持ちをもって関わるようになる。

（8）数量や図形、標識や文字などへの関心・感覚
　　　遊びや生活の中で、数量や図形、標識や文字などに親しむ体験を重ねたり、標識や文字の役割に気付いたりし、自らの必要感に基づきこれらを活用し、興味や関心、感覚をもつようになる。

（9）言葉による伝え合い
　　　先生や友達と心を通わせる中で、絵本や物語などに親しみながら、豊かな言葉や表現を身に付け、経験したことや考えたことなどを言葉で伝えたり、相手の話を注意して聞いたりし、言葉による伝え合いを楽しむようになる。

（10）豊かな感性と表現
　　　心を動かす出来事などに触れ感性を働かせる中で、様々な素材の特徴や表現の仕方などに気付き、感じたことや考えたことを自分で表現したり、友達同士で表現する過程を楽しんだりし、表現する喜びを味わい、意欲をもつようになる。［教育要領、保育指針、教育・保育要領のいずれにおいても第1章総則に記載］

　これらの10の姿の前提には、前述した3つの「育みたい資質・能力」があります。3つの資質・能力は小学校以降の学校教育へバトンタッチされるものであると述べましたが、とすれば10の姿もまた、子どもの育ちを支える上での「ゴール」として設定されるものではなく、小学校以降の学校生活に向けて子どもの姿がどのような方向に向かっているか、という観点で捉えることが重要です。
　また、10の姿について、教育要領は「第2章に示すねらい及び内容に基づく活動

全体を通して資質・能力が育まれている幼児の幼稚園修了時の具体的な姿であり、教師が指導を行う際に考慮するものである」としており、保育指針や教育・保育要領にも同様の説明があります。この説明文のうち、下線部に注目しましょう。本書第8章で学ぶ「領域」の考え方が、10の姿の理解と深く関わっているということを覚えておいてください。10の姿には、子どもが保育の場での生活を終えるときの姿の方向性として保育者が願うことが示されており、この願いは、保育内容における「ねらい」の延長線上にあると考えられるのです。

3　保育内容を総合的に捉える

3.1　3歳未満児の保育と3歳以上児の保育

　言うまでもなく、幼稚園は原則的に満3歳以上児の保育を行う集団保育施設ですが、保育所と幼保連携型認定こども園では満3歳未満児が生活しています。そのため、保育の場全体に視野を広げたときに保育者が射程に入れなければならない子どもの年齢は、0歳から就学前までです[1]。つまり、前項で述べた3つの資質・能力や10の姿は、0歳児の保育においても念頭に置くことが必要です。例えば保育指針と教育・保育要領には、乳児保育（0歳児の保育）のねらいとして以下の記述があります。

> **保育所保育指針**　**幼保連携型認定こども園教育・保育要領**
>
> ア　健やかに伸び伸びと育つ
> 　　健康な心と体を育て、自ら健康で安全な生活をつくり出す力の基盤を培う。
> イ　身近な人と気持ちが通じ合う
> 　　受容的・応答的な関わりの下で、何かを伝えようとする意欲や身近な大人との信頼関係を育て、人と関わる力の基盤を培う。
> ウ　身近なものと関わり感性が育つ
> 　　身近な環境に興味や好奇心をもって関わり、感じたことや考えたことを表現する力の基盤を培う。［保育指針：第2章 保育の内容－1 乳児保育に関わるねらい及び内容－（2）ねらい及び内容／教育・保育要領：第2章 ねらい及び内容並びに配慮事項－第1 乳児期の園児の保育に関するねらい及び内容－ねらい及び内容］

　これらの内容を見ると、5領域（健康・人間関係・環境・言葉・表現）の要素を包含しつつ3つに整理していることがわかります。
　また、1歳以上3歳未満児の保育に関するねらいは以下に引用するとおりですが、

これらの記述は、3歳以上児の保育に関するねらいと共通しています。

保育所保育指針　幼保連携型認定こども園教育・保育要領

ア　健康
　　健康な心と体を育て、自ら健康で安全な生活をつくり出す力を養う。
イ　人間関係
　　他の人々と親しみ、支え合って生活するために、自立心を育て、人と関わる力を養う。
ウ　環境
　　周囲の様々な環境に好奇心や探究心をもって関わり、それらを生活に取り入れていこうとする力を養う。
エ　言葉
　　経験したことや考えたことなどを自分なりの言葉で表現し、相手の話す言葉を聞こうとする意欲や態度を育て、言葉に対する感覚や言葉で表現する力を養う。
オ　表現
　　感じたことや考えたことを自分なりに表現することを通して、豊かな感性や表現する力を養い、創造性を豊かにする。［保育指針：第2章 保育の内容－2　1歳以上3歳未満児の保育に関わるねらい及び内容－（2）ねらい及び内容／教育・保育要領：第2章 ねらい及び内容並びに配慮事項－第2　満1歳以上満3歳未満の園児の保育に関するねらい及び内容－ねらい及び内容］

子どもの発達の状態の違いから3歳未満／以上と分けて記載され、また、保育士養成課程でも「乳児保育」が独立して存在しているため、いわゆる幼児の保育内容と乳児の保育内容は別個に考えられがちですが、両者を一体的に捉えて、乳児期と幼児期の連続性の中で保育内容を総合的に捉えることが重要です。

演　習　3歳以上児の保育と3歳未満児の保育内容や保育方法における共通点と相違点について考えてみましょう

発展演習　グループになって意見交換をしてみましょう。

3.2　養護の視点と教育の視点

　ここまで、3つの「育みたい資質・能力」や10の「幼児期の終わりまでに育ってほしい姿」に関する説明を中心に述べてきましたが、ある傾向に気づいたでしょうか。それは、「小学校以降の教育」「学習指導要領」といった言葉や、「5領域」という表現などに見られるように、説明の軸に「教育」の視点があるということです。後述しますが、保育内容において両輪となるのは「養護」と「教育」です。この両者が相互に関連し、総合的な営みとして存在するのが保育であると考えられています。だとすれば、「教育」の視点に加えて「養護」の視点がなぜ必要か、「養護」の具体的な内容は何か、「養護」と「教育」が一体となるとはどのようなことか、などについて十分理解することが重要です。この点については第4章で詳しく扱います。

　本章の冒頭で、切り口としての「各論」と全体的な「総論」に分けて保育内容について説明をしました。これまで述べてきたように、保育内容自体は総合的なものです。
　第2章以降の各章のタイトルを見ると、「養護と教育の一体性」「領域」「小学校との接続」など、一見、部分的に切り取られた「各論」のように思われるかもしれません。けれども、それぞれの章が相互に関連し合いながら、保育内容の「総論」としての学びになるのです。そのような意識をもって、本書を読み進めていただきたいと願っています。

注
1）ここでは、いわゆる施設保育士を含めずに論じています。児童養護施設等に勤務する保育士は、満18歳未満の子どもを支援対象としています。

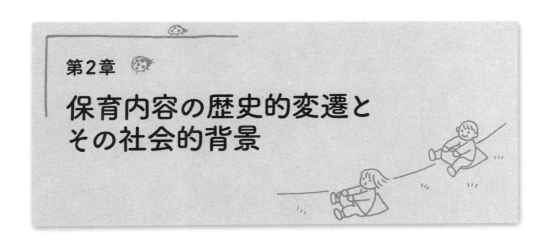

第2章 保育内容の歴史的変遷とその社会的背景

1 保育内容の変遷

1.1 保育要領（1948年）における保育内容

　1946（昭和21）年、日本国憲法が公布され、1947（昭和22）年には教育基本法、児童福祉法が制定されました。新しい日本をつくる基盤として子どもの教育と福祉の制度を整えることが最重要課題とされ、国も人々も子どもたちの未来に希望を託したのです。

　こうした中で、幼稚園は学校教育法の定める学校の一つとして文部省の管轄に、保育所は児童福祉法の定める児童福祉施設の一つとなり厚生省の管轄になりました。

　一方、1948（昭和23）年3月、文部省は「保育要領─幼児教育の手びき」を刊行しました。これは「正しい保育の仕方を普及徹底して、国の将来をになう幼児たちを心身ともに健やかに育成していく」ことを目指した手引書であり、幼稚園、保育所、家庭等に対して広く伝えられました。

　ここにおいて「保育内容」は「楽しい幼児の経験」として規定され、12の項目（見学、リズム、休息、自由遊び、音楽、お話、絵画、製作、自然観察、ごっこ遊び・劇遊び・人形芝居、健康保育、年中行事）とそれぞれの具体的な活動が説明されたのです。保育要領には、戦争でその生活が奪われた子どもたちに、子どもらしい遊びや楽しみを与えたいとする大人たちの気持ちが込められているといえるのではないでしょうか。

> **演 習** 保育要領にある12の保育項目について、現代の保育現場での実践との関連や共通性を考えてみましょう。
>
> ....
> ....
> ....
> ....
> ....

1.2 幼稚園教育要領（1956年）における保育内容

　1956（昭和31）年に文部省より幼稚園教育要領が制定されました。そして、保育内容を初めて「領域」と規定し、「健康、社会、自然、言語、音楽リズム、絵画製作」の6つの領域を定めました。さらに、領域ごとに「幼児の発達上の特質」と「望ましい経験」が列挙され、幼稚園教諭が指導計画を作成する際の基準となったのです。

　教育要領では、領域について「小学校以上の学校における教科とは、その性格を大いに異にする」とする一方、「小学校の教育課程を考慮して計画すること」としたことは、現代と共通しているといえます。具体的な保育内容を束ねるこの領域について、当時、保育現場では戸惑い、例えば、「一日の保育時間をそれぞれの領域に何分ずつをあてたらいいか、といったことが大まじめに問題にされている」[1]ということもあったようです。学校の教科とは異なる領域の捉え方について、今日にも通じる混乱や誤解があったことがわかります。

表2-1　保育内容の変遷　1948-1956年

1947（昭和22）年	教育基本法、児童福祉法制定
1948（昭和23）年	「保育要領―幼児教育の手びき」刊行（文部省） 幼児の保育内容―楽しい幼児の経験 1.見学　2.リズム　3.休息　4.自由遊び　5.音楽　6.お話　7.絵画　8.製作　9.自然観察　10.ごっこ遊び・劇遊び・人形芝居　11.健康保育　12.年中行事
1956（昭和31）年	幼稚園教育要領 制定 「健康」「社会」「自然」「言語」「音楽リズム」「絵画製作」の6領域 ・幼児の望ましい経験を分析して、新たな保育概念に沿って分類した。 ・幼稚園の保育内容について、小学校との一貫性をもたせるようにした。 　（幼稚園は「学校」） ・領域区分は、内容を組織的に考え、指導計画を立案するための便宜から行った。学校における教科とは、その性格を大いに異にする。

出所：筆者作成

> **演習** 保育内容が「領域」として示されているのはなぜでしょうか。皆さんは、領域という言葉からどんなことを思い浮かべますか。小学校の科目と比べたり、乳幼児期の発達と照らし合わせたりしながら領域について考えてみましょう。
>
> ....
> ....
> ....

1.3 告示化された幼稚園教育要領（1964年）

　教育要領は1964（昭和39）年に第1次改訂がなされるとともに告示化されました。告示とは国が国の名と責任で広く社会に示すもので、規範性を有するものとして位置付けられます。

　保育内容の6領域についての規定は踏襲されましたが、旧教育要領では「望ましい経験」としていたものが「幼稚園教育の目標を達成するために、原則として幼稚園修了までに幼児に指導することが望ましいねらいを示したもの」に変わりました。幼稚園は法律上「学校」の一つであり、「指導」により小学校につなげていくことがより明確になったといえます。一方で、幼稚園教育は「幼児にふさわしい環境を与えて、その生活経験に即した総合的な指導を行う」ことが明記され、この基本原理は今日も同様です。

　なお、この改訂により教育要領から「保育」の語は消え、「幼稚園教育の内容」など、意識的に学校教育の枠組みの中に位置付けられていったといえます。

1.4 保育所保育指針の制定（1965年）

　教育要領が告示化される前年、文部省、厚生省の両省局長通知「幼稚園と保育所との関係について」が発出され、これにより「保育所のもつ機能のうち、教育に関するものは、幼稚園教育要領に準ずる」とされました。そして、教育要領の内容を踏まえ、1965（昭和40）年に初めて保育所保育指針が制定されたのです。

　保育指針では学齢までの乳幼児を7つの年齢区分に分け、それぞれに保育内容を示し、4歳以上の保育内容は幼稚園と同様6領域ごとに規定されました。また、保育所における保育は「養護と教育を一体として行う」ことが明記され、保育所の「教育」の部分は幼稚園教育と同様であるという解釈もなされました。実際には保育の中の養護と教育をくっきりと分けることはできず、保育は常に生活や遊びを通して総合的に行われるのですが、「幼児教育」を曲解して捉える向きも一部にはあったようです。

1.5　幼稚園教育要領（1989年）、保育所保育指針（1990年）における保育内容

　1989（平成元）年に教育要領が、翌年には保育指針が改訂されました。25年ぶりの大改訂です。この間、幼稚園、保育所ともその開設数や園児数を大幅に増やし、1981（昭和56）年の5歳児の就園率は保育所、幼稚園合わせて90％を超えました[2]。各地において幼稚園、保育所はなくてはならない公的な施設となったのです。

　改訂された教育要領及び保育指針で、保育内容の6領域「健康、社会、自然、言語、音楽リズム、絵画製作」は5領域に変更されました。現在も同様の「健康、人間関係、環境、言葉、表現」です。さらに5領域の「ねらい」は、就学前までに「育つことが期待される心情、意欲、態度」とされました。また、「ねらい」によって示されていた保育内容を「ねらい」と「内容」によって示すことにしたのです。

　変更の理由として、「「ねらい」と「内容」と「領域」ということを少し構造的にとらえ直して位置づけた」[3]ことがあげられ、また、新たに「表現」の領域がつくられたことに関しては、「さまざまな表現形態の根っこにあるものに目を注ぎ、それを育てることが目ざされています」[4]とあります。一人一人の子どもの表現したくなる気持ちや意欲を大切にしようとする姿勢がうかがえます。

　また、この改訂により、「幼児の遊びは主体的な活動」であることや「環境を通して行う」という保育の総合性がより強調されました。

1.6　幼稚園教育要領（1998年）、保育所保育指針（1999年）における保育内容

　9年を経て教育要領は1998（平成10）年に、保育指針は1999（平成11）年に改訂されました。この改訂では「生きる力の基礎」をキーワードに、小学校の学習指導要領につながる内容が検討されています。また、特に保育指針においては1994（平成6）年に日本が批准した子どもの権利条約を踏まえ、子どもの人権への配慮について規定しています。

　保育内容については大きな変更はなく、特筆すべきは、幼稚園や保育所における「子育て支援」について明記されたことです。幼稚園は地域の子育て支援のための幼児教育センターとして、保育所は保護者の多様な保育ニーズに応えるとともに、一時保育や地域活動事業、相談・助言などを通して、地域の子育て家庭の支援にあたることが明記されています。

　保護者による児童虐待が増え、少子化がいっそう進む中で、保育現場における子育て支援が社会から要請されたといえます。

表2-2　幼稚園教育要領、保育所保育指針の変遷 1964-1999年

1964（昭和39）年	**幼稚園教育要領 改訂・告示** 「健康」「社会」「自然」「言語」「音楽リズム」「絵画製作」の6領域
1965（昭和40）年	**保育所保育指針 制定** 「養護と教育とが一体となって豊かな人間性を持った子どもを育成」
1989（平成元）年	**幼稚園教育要領 改訂** （25年ぶりの改訂） ┐
1990（平成2）年	**保育所保育指針 改訂** ┤「健康」「人間関係」「環境」「言葉」「表現」の5領域に （教育要領の改訂を受けて） ┘
1998（平成10）年	**幼稚園教育要領 改訂** ┐ 子育て支援が明記される
1999（平成11）年	**保育所保育指針 改訂** ┘

出所：筆者作成

1.7　幼稚園教育要領（2008年）、保育所保育指針（2008年）における保育内容

　教育要領、保育指針はその後、2008（平成20）年に改訂（定）されています。保育指針はこの改定で告示化され、すべての認可保育所が守らなければならない保育の基準として示されました。この間、少子化や核家族化が進み、保育所に子どもを預けて働く母親が増えるとともに、社会全体で子育て支援をという機運が高まり、保育所への期待が高まっていました。こうした中で、それまでの厚労省局長通知だった保育指針をより重要なものと位置付け、全国の保育所の保育の質を確保しようとしたのです。また、保育所に勤めるすべての職員が保育指針を踏まえて保育することで、その専門性を高めようとしたといえます。改訂（定）の作業においては、文科省と厚労省が協力して取り組み、その内容についてより整合性が図られました。

　改訂（定）前の2006（平成18）年に教育基本法の改正があり、その第11条に「幼児期の教育」について初めて明記され、「人格形成の基礎を培う重要なもの」として、すべての子どもの幼児期の教育を保障し、その振興を図っていくことが必要とされました。このことはすでに世界の潮流であり、保育の内容やその質の向上に関わる議論や研究が世界各国でなされています。

　さて、告示化された保育指針では、保育内容を「養護に関わるねらい及び内容」と「教育に関わるねらい及び内容」とに分けて示すとともに、これらの内容を0歳児から6歳児まで通して考えるものとしました。告示化により大綱化し、簡潔な記載となりましたが、ここに規定された保育内容の基本を踏まえ、子どもの発達過程に応じて各保育所が創意工夫して保育内容を考え、指導計画を作成していくことを求めたといえます。また、「養護と教育が一体になって」行われる保育内容を、養護の2つの視

点(生命の保持・情緒の安定)と教育の5領域から明らかにし、5領域については教育要領と同様の規定としました。また、小学校との連携が強調されたことも重要です。

1.8 幼保連携型認定こども園教育・保育要領の制定(2014年)

　少子化の進行により、地域によっては、入所定員に満たない保育所や幼稚園が目立つようになりました。また、共働き家庭が増える中で、幼稚園においても「預かり保育」の実施など保護者のニーズに応える施設運営が求められるようになり、国は1998(平成10)年に「幼稚園と保育所の施設の共用化等に関する指針」を出しました。そして、2006(平成18)年、法律(就学前の子どもに関する教育、保育等の総合的な提供の推進に関する法律＝認定こども園法)が整備され、認定こども園の制度がスタートしたのです。

　2012(平成24)年には認定こども園法の一部改正がなされ、新たに幼保連携型認定こども園の設置が規定され、「満3歳以上の子どもに対する教育並びに保育を必要とする子どもに対する保育を一体的に行う」幼保一体型施設としてその設置促進が図られました。2014(平成26)年には幼保連携型認定こども園教育・保育要領が制定され、教育・保育要領は文字どおり、幼稚園教育要領と保育所保育指針を合わせた内容となっています。

表2-3　教育要領、保育指針、教育・保育要領の改訂(定)・告示 2008-2018年

2006(平成18)年	教育基本法の改正により「幼児教育」の条文の新設 第11条　幼児期の教育は、生涯にわたる人格形成の基礎を培う重要なものであることにかんがみ、国及び地方公共団体は、幼児の健やかな成長に資する良好な環境の整備その他適当な方法によって、その振興に努めなければならない。
2008(平成20)年	幼稚園教育要領 改訂／保育所保育指針 改定　同時告示
2014(平成26)年	幼保連携型認定こども園教育・保育要領 制定
2015(平成27)年	子ども・子育て支援新制度創設・施行
2017(平成29)年	幼稚園教育要領 改訂／保育所保育指針 改定／幼保連携型認定こども園教育・保育要領 改訂
2018(平成30)年	幼稚園教育要領、保育所保育指針、幼保連携型認定こども園教育・保育要領 同時施行

出所：筆者作成

2 保育所保育、幼稚園教育、幼保連携型認定こども園の教育及び保育

2.1 現行の保育所保育指針、幼稚園教育要領、幼保連携型認定こども園教育・保育要領

　2017（平成29）年3月、保育指針、教育要領、教育・保育要領が同時に改訂（定）・告示されました。これらは、近年の幼児教育振興の流れや小学校以降の学習指導要領改訂の内容を踏まえています。また、2015（平成27）年に子ども・子育て支援新制度が施行されたことに伴い、子育て支援の必要性や地域社会との連携等がより強調されたものとなっています。

　保育内容についても、できるだけ統一を図り、共通の規定も増えましたが、一方で保育所や認定こども園における3歳未満児の保育の規定や幼稚園の教育機能の強化など、異なる記載も見受けられます。

　認定こども園の制度の創設にあたり、制度上、幼稚園は教育機関、保育所は保育機関として整理され、認定こども園は教育及び保育の両方を担うというように、教育と保育が並列して明記されました。従来の「保育は養護と教育が一体的に行われる」とする解釈と異なり、このことが保育指針や教育要領の表記においてやや混乱を招いているといえます。

　なお、改訂（定）された保育指針は全5章から、教育要領は3章から、教育・保育要領は4章から構成されています（表2－4）。

表2-4　保育指針、教育要領、教育・保育要領の章構成

保育所保育指針	幼稚園教育要領	幼保連携型認定こども園教育・保育要領
第1章　総則	第1章　総則	第1章　総則
第2章　保育の内容	第2章　ねらい及び内容	第2章　ねらい及び内容並びに配慮事項
第3章　健康及び安全	第3章　教育課程に係る教育時間の終了後等に行う教育活動などの留意事項	第3章　健康及び安全
第4章　子育て支援		第4章　子育ての支援
第5章　職員の資質向上		

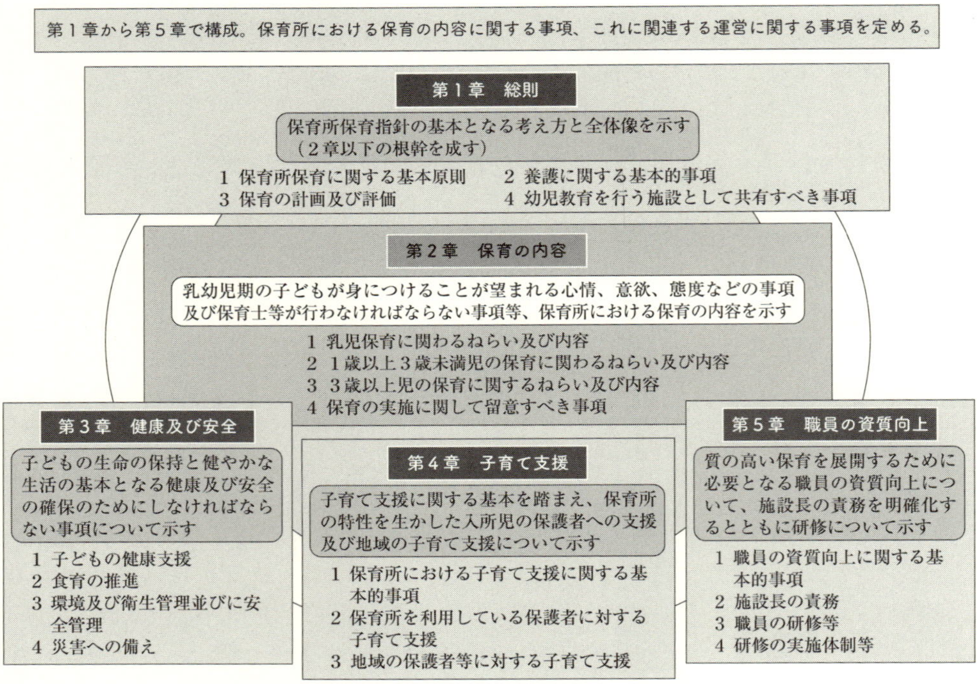

第1章から第5章で構成。保育所における保育の内容に関する事項、これに関連する運営に関する事項を定める。

第1章 総則
保育所保育指針の基本となる考え方と全体像を示す
（2章以下の根幹を成す）
1 保育所保育に関する基本原則　　2 養護に関する基本的事項
3 保育の計画及び評価　　　　　　4 幼児教育を行う施設として共有すべき事項

第2章 保育の内容
乳幼児期の子どもが身につけることが望まれる心情、意欲、態度などの事項
及び保育士等が行わなければならない事項等、保育所における保育の内容を示す
1 乳児保育に関わるねらい及び内容
2 1歳以上3歳未満児の保育に関わるねらい及び内容
3 3歳以上児の保育に関するねらい及び内容
4 保育の実施に関して留意すべき事項

第3章 健康及び安全
子どもの生命の保持と健やかな生活の基本となる健康及び安全の確保のためにしなければならない事項について示す
1 子どもの健康支援
2 食育の推進
3 環境及び衛生管理並びに安全管理
4 災害への備え

第4章 子育て支援
子育て支援に関する基本を踏まえ、保育所の特性を生かした入所児の保護者への支援及び地域の子育て支援について示す
1 保育所における子育て支援に関する基本的事項
2 保育所を利用している保護者に対する子育て支援
3 地域の保護者等に対する子育て支援

第5章 職員の資質向上
質の高い保育を展開するために必要となる職員の資質向上について、施設長の責務を明確化するとともに研修について示す
1 職員の資質向上に関する基本的事項
2 施設長の責務
3 職員の研修等
4 研修の実施体制等

図2-1　保育所保育指針の構造
出所：保育指針をもとに筆者作成

2.2　3つの視点と5つの領域で示される保育内容

　保育所、幼稚園、認定こども園の第一義的目的は「子どもの心身の発達を図る（促す）」ことであり、その目標もほぼ共通のものとなっています。保育指針においては「養護に関する基本的事項」として「生命の保持」と「情緒の安定」に関するねらい及び内容が規定されており、教育・保育要領には同内容の規定が「配慮すべき事項」として示されています。また、保育指針、教育・保育要領において、乳児保育の内容は、乳児の発達の特性を踏まえ5領域ではなく3つの視点（健やかに伸び伸びと育つ、身近な人と気持ちが通じ合う、身近なものと関わり感性が育つ）で示されています。また、1歳以上3歳未満児の保育と3歳以上児の保育の内容は5領域で示され、3歳以上については保育所、幼稚園、認定こども園とも共通の規定となっています。

> **演習**　保育指針、教育要領、教育・保育要領の目次（大項目、小項目）を確認し、共通する事項と異なる事項を比較・検討してみましょう。

第2章　保育内容の歴史的変遷とその社会的背景

健やかに伸び伸びと育つ	身近な人と気持ちが通じ合う	身近なものと関わり感性が育つ
健康な心と体を育て、自ら健康で安全な生活をつくり出す力の基盤を培う	受容的・応答的な関わりの下で、何かを伝えようとする意欲や身近な大人との信頼関係を育て、人と関わる力の基盤を培う	身近な環境に興味や好奇心をもって関わり、感じたことや考えたことを表現する力の基盤を培う
ねらい ①身体感覚が育ち、快適な環境に心地よさを感じる ②伸び伸びと体を動かし、はう、歩くなどの運動をしようとする ③食事、睡眠等の生活のリズムの感覚が芽生える	**ねらい** ①安心できる関係の下で、身近な人と共に過ごす喜びを感じる ②体の動きや表情、発声等により、保育士等と気持ちを通わせようとする ③身近な人と親しみ、関わりを深め、愛情や信頼感が芽生える	**ねらい** ①身の回りのものに親しみ、様々なものに興味や関心をもつ ②見る、触れる、探索するなど、身近な環境に自分から関わろうとする ③身体の諸感覚による認識が豊かになり、表情や手足、体の動き等で表現する
内容①〜⑤	内容①〜⑤	内容①〜⑤
内容の取扱い ①心と体の密接な関連を踏まえ、遊びの中で自ら体を動かす意欲を育てる ②食習慣の形成と食物アレルギーへの対応　等	**内容の取扱い** ①一人一人に応じた適切な援助 ②言葉の獲得への配慮　等	**内容の取扱い** ①発達に応じた玩具、探索意欲を満たす ②表現しようとする意欲、様々な遊びの援助　等

配慮事項　ア 保健的な対応　イ 特定の保育士が応答的に関わる　ウ 職員間・嘱託医との連携　エ 保護者との信頼関係と支援　オ 担当が替わる場合の配慮　等

図2-2　乳児保育に関わるねらい及び内容（保育指針、教育・保育要領で共通）
出所：保育指針、教育・保育要領をもとに筆者作成

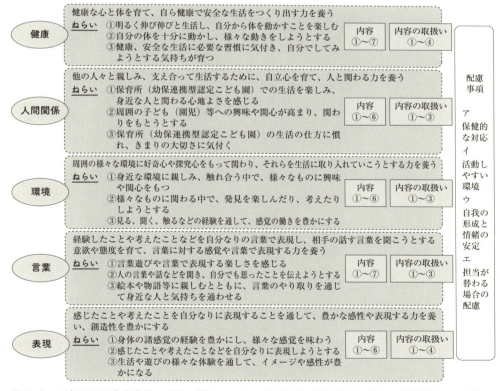

図2-3　1歳以上3歳未満児の保育に関わるねらい及び内容（保育指針、教育・保育要領で共通）
出所：保育指針、教育・保育要領をもとに筆者作成

健康
健康な心と体を育て、自ら健康で安全な生活をつくり出す力を養う
ねらい ①明るく伸び伸びと行動し、充実感を味わう
②自分の体を十分に動かし、進んで運動しようとする
③健康、安全な生活に必要な習慣や態度を身に付け、見通しをもって行動する

内容 ①〜⑩　　内容の取扱い ①〜⑥

人間関係
他の人々と親しみ、支え合って生活するために、自立心を育て、人と関わる力を養う
ねらい ①保育所（幼稚園／幼保連携型認定こども園）の生活を楽しみ、自分の力で行動することの充実感を味わう
②身近な人と親しみ、関わりを深め、工夫したり、協力したりして一緒に活動する楽しさを味わい、愛情や信頼感をもつ
③社会生活における望ましい習慣や態度を身に付ける

内容 ①〜⑬　　内容の取扱い ①〜⑥

環境
周囲の様々な環境に好奇心や探究心をもって関わり、それらを生活に取り入れていこうとする力を養う
ねらい ①身近な環境に親しみ、自然と触れ合う中で様々な事象に興味や関心をもつ
②身近な環境に自分から関わり、発見を楽しんだり、考えたりし、それを生活に取り入れようとする
③身近な事象を見たり、考えたり、扱ったりする中で、物の性質や数量、文字などに対する感覚を豊かにする

内容 ①〜⑫　　内容の取扱い ①〜⑤

言葉
経験したことや考えたことなどを自分なりの言葉で表現し、相手の話す言葉を聞こうとする意欲や態度を育て、言葉に対する感覚や言葉で表現する力を養う
ねらい ①自分の気持ちを言葉で表現する楽しさを味わう
②人の言葉や話などをよく聞き、自分の経験したことや考えたことを話し、伝え合う喜びを味わう
③日常生活に必要な言葉が分かるようになるとともに、絵本や物語などに親しみ、言葉に対する感覚を豊かにし、保育士（先生／保育教諭）等や友達と心を通わせる

内容 ①〜⑩　　内容の取扱い ①〜⑤

表現
感じたことや考えたことを自分なりに表現することを通して、豊かな感性や表現する力を養い、創造性を豊かにする
ねらい ①いろいろなものの美しさなどに対する豊かな感性をもつ
②感じたことや考えたことを自分なりに表現して楽しむ
③生活の中でイメージを豊かにし、様々な表現を楽しむ

内容 ①〜⑧　　内容の取扱い ①〜③

配慮事項
ア「10の姿」「3つの柱」を考慮
イ 活動の時間の配慮
ウ 保育の基本原則を逸脱しない

図2-4　3歳以上児の保育に関するねらい及び内容（保育指針、教育要領、教育・保育要領で共通）
出所：保育指針、教育要領、教育・保育要領をもとに筆者作成

演習　乳児保育のねらいは計9項目（3視点×3項目）あります。1歳以上3歳未満児、3歳以上児の保育のねらいは、それぞれ計15項目（5領域×3項目）あります（図2-2〜図2-4参照）。年齢に沿ってねらいがどう変わるかを確認し、そのつながりや保育の連続性について考察してみましょう。

2.3　保育所保育、幼稚園教育、幼保連携型認定こども園の教育・保育の内容と展開

　序章で見たとおり、幼稚園の根拠法令である学校教育法第22条には「幼稚園は、義務教育及びその後の教育の基礎を培うものとして、幼児を<u>保育し</u>、幼児の健やかな成長のために適当な環境を与えて、その心身の発達を助長することを目的とする」とあります。

　一方、保育所の根拠法令である児童福祉法第39条には「保育所は、保育を必要とする乳児・幼児を日々保護者の下から通わせて<u>保育を行う</u>ことを目的とする施設」であり、保育指針の第1章及び第2章の冒頭において、保育は「養護と<u>教育</u>が一体となって展開される」と規定されています。

　さらに、認定こども園は「教育並びに保育を一体的に行い」（認定こども園法第2条7）と明記し、幼稚園と保育所の機能を併せ持つ施設としています。そして、教育及び保育は保育士資格と幼稚園教諭免許の両方をもつ保育教諭が担っています。

　それぞれの施設やその管轄の違いは依然としてあり、根拠となる法律や基準も異なります。しかし、就学前の子どもたちが日々過ごす生活の場である保育所、幼稚園、認定こども園の基本原則や保育観、教育観には共通のものがあります。

　保育指針、教育要領、教育・保育要領で共通に示された「ねらい及び内容」を踏まえ、さらに同様に規定された「育みたい資質・能力」や「幼児期の終わりまでに育ってほしい姿」を確認しながら見通しをもって子どもの育ちを支えていきたいものです。

　保育者が先導して教え込んだり、知識を一方的に与えたりするのではなく、子どもが育つ環境を整え、子ども自らが遊びや生活を通して成長する姿を認め促していくことが必要です。さらに、幼い子どもの生命を保護し、その育ちを守り、支えるといった養護的関わりが土台にあってこそ成り立つのがこの時期の教育的営みであり、小学校以降の教育とは異なる方法で実践を積み重ねていくことが大切でしょう。また、園や地域の環境を生かし、子どもや同僚と、時には保護者や地域の人も一緒に子どもの楽しみや創造的な遊びを創り上げていく、そのような保育内容であってほしいと思います。

注
1）柴崎正行『戦後保育50年史2　保育内容と方法の研究』日本図書センター、2014、p.97
2）文部科学省「幼稚園就園率、保育所在籍率の推移」
3）前掲書1）、p.340
4）同上、p.361

参考文献

天野珠路「保育における「領域」とは何か—保育内容の 5 領域に関する国際比較」『日本女子体育大学紀要』47、2017、pp.1-11

天野珠路「「保育所保育指針」「幼稚園教育要領」「幼保連携型認定こども園教育・保育要領」の改定（訂）の趣旨とその内容—整合性は図られたのか」『鶴見大学紀要』55、2018、pp.1-9

厚生労働省『保育所保育指針』、1965/1990/1999/2008/2017

厚生労働省『保育所保育指針解説（書）』、2008/2018

文部科学省『保育要領』、1948

文部科学省『幼稚園教育要領』、1956/1964/1989/1998/2008/2017

文部科学省『幼稚園教育要領解説』、2009/2018

内閣府・文部科学省・厚生労働省『幼保連携型認定こども園教育・保育要領』、2014/2017

内閣府・文部科学省・厚生労働省『幼保連携型認定こども園教育・保育要領解説』、2018

日本保育学会編『保育学講座 1 保育学とは』東京大学出版会、2016

第3章 子どもの発達や生活に即した保育内容

　本章では、子どもの心理的な側面の発達について理解を深めつつ、保育実践において子どもの「発達に即す」とは具体的にどういうことかを学びます。あらかじめ決めた保育内容を子どもに当てはめるのではなく、子どもの発達に即しながら行う保育とはどういうものなのか考えていきましょう。

1　子どもの発達に即した保育とは

　2017（平成29）年の保育所保育指針改定では、子どもの発達を扱った章がなくなり、一方で乳児保育や幼児教育に関する記述がふんだんに盛り込まれました。なぜ、子どもの発達に関する章が省かれたのでしょうか。もちろん、子どもの発達という概念が軽視されているわけではありません。

　改訂前の保育指針の「第2章子どもの発達」には、「発達過程」という項目があり、「おおむね6か月未満」や「おおむね2歳」といった年齢別の記述がされていました。その月齢・年齢の子どもたちがどういった発達の様相を示すかが記されていたのです。例えば「おおむね6か月未満」の記述では、「首がすわり、手足の動きが活発になり、その後、寝返り、腹ばいなど全身の動きが活発になる」とありましたが、「おおむね」と書かれているように、これは一つの目安にすぎません。この頃までに首がすわり、寝返りや腹ばいが活発になる子は実際に多いのですが、「すべての子ども」が「必ず」このような姿を見せるわけではないのです。しかし、具体的な姿として示されてしまうと、どうしても目の前の子どもとこの記述内容を比べたくなります。首がすわるのが生後6か月を過ぎてからようやくという子どももいますし、発達全般に遅れが見られる子どももいます。そういった発達の個人差を勘案すると、特定の基準のみに即して子どもの姿を捉えていくのは、発達過程に即した保育という考え方にはな

じまないものです。

　ただし、一定の基準による診断が必要な場面もあります。母子保健法では、「満1歳6か月を超え満2歳に達しない幼児」と「満3歳を超え満4歳に達しない幼児」に対して各市町村が健康診査を行うよう定めており、いわゆる乳幼児健診が無料で受けられることになっています。こういった健診・相談の場では、子どもの健康状態を把握するために医師が「所見あり」「所見なし」の判定をしています。

　一方、保育施設は、子どもたち一人一人の健やかな成長や発達を目的として保育・教育を行う場です。保育指針の総則には、「保育を必要とする子どもの保育を行い、その健全な心身の発達を図ることを目的とする」とあります。また、幼稚園教育要領の総則には以下のように記されています。

> **幼稚園教育要領**
> 　幼児の発達は、心身の諸側面が相互に関連し合い、多様な経過をたどって成し遂げられていくものであること、また、幼児の生活経験がそれぞれ異なることなどを考慮して、<u>幼児一人一人の特性に応じ、発達の課題に即した指導を行うようにすること</u>。［第1章 総則−第1 幼稚園教育の基本−3］

　何かの基準と比較したり、同年齢の子どもと比べて発達を捉える（横断的）よりも、目の前にいる子どもの発達をその子の時間軸の中で捉えていき（縦断的）、以前と比べてどういうところが発達したのか、今後の発達のために保育者は何ができるのかを考えたほうが、一人一人の子どもに即した保育により近いかたちとなるでしょう。次節以降の発達に関する記述も、縦断的な発達理解に生かしてください。

2　乳児の発達と乳児保育への期待

　本章の冒頭で記したように、今回の保育指針の改定では、乳児保育に関する記載をより充実させています。保育所や認定こども園では3歳未満児の利用率が高く[1]、今後もしばらくは0歳児を含め3歳未満児の保育所等利用率が上昇していくことが見込まれますので、保育者は乳児保育の専門性をしっかり身につけなくてはなりません。そのため今回の改定では、「乳児保育に関わるねらい及び内容」を独立させ丁寧に記しています。

さて皆さんはそのような乳児、とりわけ生まれたばかりの赤ちゃんを実際に見たことはあるでしょうか。赤ちゃんの様子を見ると、か弱く頼りなげな様子から「守ってあげなければいけない」という感じを強く受けます。特にヒトの子どもの場合、他の哺乳動物に比べても非常に未熟な状態で生まれてくるといわれています。ポルトマン（Adolf Portmann）が「生理的早産」という言葉で表したのは、他の動物の誕生時の状態に比して、ヒトの子がとても未熟であるということです。しかし、未熟ということは生まれてからの育ちの部分が大きいということであり、この世に生を受けてからどのような環境のもとで育児されるかが重要ということでもあります。

イギリスの哲学者ジョン・ロック（John Locke）は、タブラ・ラサ（tabula rasa）という言葉を用いて、生まれたばかりの子どもの未熟な状態を表現しました。タブラ・ラサとは「白紙」という意味で、何も書き込まれていないまっさらな状態であるということです。では赤ちゃんは本当に白紙の状態で生まれてくるのかといえば、そうではありません。赤ちゃんは生まれたときからずいぶんと有能だということが、これまでの研究によってわかってきています。では赤ちゃんはどのような優れた能力をもっているのでしょうか。古典的なところではファンツ（Robert L. Fantz）の選好注視の研究[2]がよく知られています（図3-1）。

ファンツは生後数か月の赤ちゃんに丸型の図形を見せ、どの図形を好んで（選好）長い時間見るか（注視）について実験で確かめました。その結果、赤ちゃんは丸型を一色で塗りつぶしたようなシンプルな図形よりも、ヒトの顔を模した図形やうずまき型を好んで見ることがわかったのです。つまり、赤ちゃんのうちから図形を弁別する能力をもっているということです。

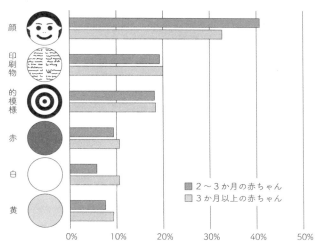

図3-1　凝視時間の割合
出所：Fantz, R. L., The origin of form perception, *Scientific American*, 204 (5), 1961, pp.66-72

その後、赤ちゃんがどのような対象を好んで見るかという研究の方法は改良され、今では特別な装置を付けることなく、座ったままの状態の赤ちゃんに画面を提示することで、何をよく見ているのかわかるようになってきています。過去の研究で、赤ちゃんはシンプルなものよりも複雑なものを見ることや、興味のある図形はしばらく見ているが次第に飽きて視線をずらすということなどが指摘されています[3]。

　また、メルツォフ（Andrew N. Meltzoff）が行った赤ちゃんの模倣実験がよく知られています。メルツォフは生後間もない赤ちゃんに様々な表情を見せ、その顔を模倣するかどうかを実験で確かめました（新生児模倣）。その結果、モデルとなる大人が舌を出したり口を大きく開けたりすると、赤ちゃんもそれと同じ表情をしてみせたのです（図3-2）。

図3-2　新生児模倣

　メルツォフの実験では、生後1時間以内の時点でも模倣ができたということがわかっています[4]。つまり、生後のトレーニングによって模倣を身につけるのではなく、模倣するその能力自体は生まれつきもっているのではないかということです。

　乳幼児期の学びという観点で考えてみると、これらの発見はとても興味深いものです。ある種の経験によって模倣が学習されるわけではなく、模倣することによって他者の行動が学習されるのではないかというように、その基盤となるものが変わってくるからです。もちろん、模倣できることの内容やそのレベルは経験によって上がっていきますが、表情模倣のように、対象を見ながら行われる模倣は赤ちゃんの頃からできるとは驚くべきことです。

　これまでに、赤ちゃんは早い段階からモノの図柄を区別することができ、ヒトの顔のような複雑な図形を好むことがわかりました。そして赤ちゃんは、他者の表情などを模倣する能力が早い段階から備わっています。これら2点を踏まえた上で、赤ちゃんが育つにはどのような環境が望ましいか考えてみましょう。

　乳児期には、愛着形成といった名目で主たる養育者（家庭だと主に母親）と子ども

との関係が大切だとされています。しかし、これまでの長い人類の歴史の中で、現在のように母親と子どもだけが長時間一つの場で生活をするということはあったのでしょうか。現代は核家族が多くなっていますが、以前は多くの家庭で、母親が子育てをしている周りに兄姉や祖父母たちがいました。戦後の高度経済成長期頃までは、赤ちゃんの子守りはその兄姉や奉公に出てくる10歳そこそこの女児に任せて、母親は農業など仕事に従事するという子育てが多く見られたのです。もしそのような子守りの担い手がいない場合でも、田畑まで赤ちゃんを連れて行き、子守りかごに赤ちゃんを寝かせて、作業の合間に顔を覗きに行ったことでしょう。そのように考えると、現代ほど家という閉じた空間に母子のみが長時間いる生活というのも珍しいのではないでしょうか。

　その点、保育所などの保育施設には様々な大人や同年代の子どもがいます。赤ちゃんが興味をもつような対象、模倣する対象にあふれているというわけです。しかし、特に乳児に対しては、安全で静穏な環境を保つことばかりに意識が向き、他の年齢の子どもたちと隔離し、数少ない大人のみが密着した環境で保育を行うこともしばしば見られます。乳児が早い時期から周りをよく見て模倣をしていることを考えれば、安全に過ごせる環境という要素だけに意識を向けるのではなく、子どもが学ぶべき対象とともに生活をすることが求められます。乳児が自分たちよりも大きな幼児の生活に徐々にふれたり、担当保育者以外の大人ともある程度生活がクロスするような環境が望ましいでしょう。

3　幼児期前期の発達と保育

　さてここからは、もう少し成長した2歳から3歳くらいの子どもたちの発達と保育について考えてみることにします。ピアジェ（Jean Piaget）が示した発達段階説では、感覚運動期から前操作期に入る時期とほぼ重なります（表3－1）。

　この時期には、①言葉での意思表示ができるようになる、②自分のやりたいことがはっきりしてくる、という特徴があります。まず言葉での意思表示ですが、初語（一語文）を身につけると（おおむね1歳くらい）、単語を使って自分の欲求を示すようになります。例えば「お水が飲みたい」と言わなくても、「お水」という表現だけで周りの大人はその意図をくみとります。2歳近くになると二つの単語をつなげた二語文が、そして3歳に近づくに従い三語文の使用もできるようになってきます。「パパ、会社行った」などの三語文が使えるようになると、意思表示が本格的にできるようになるため、子ども同士のコミュニケーションも盛んになりますが、その分他児とのぶ

つかり合いも増えてきます。言葉がうまく使えない時期は、相手をたたいたりかじったりという行為で自分の意思を示そうとしますが、言葉がうまく使えるようになってくるとそういった攻撃行動も少しずつ減ってきます。

表3-1　認知機能の発達段階

発達の段階	年齢	この時期の特徴
感覚運動期	誕生〜2歳	感覚と運動によって周りの世界と関係を結ぶ時期。反射中心の時期から、次第に目的のための手段をとるようになり習慣がつくられる。
前操作期	2〜7歳	象徴機能を用いることができるようになるので、ごっこ遊びが見られる時期。言語の習得、延滞模倣が出現する。論理的思考はいまだ難しい。
具体的操作期	7〜11、12歳	具体的な事象については論理的に考えることができるようになる。抽象的な物事に対する論理的思考は難しい。
形式的操作期	11、12歳〜成人	言語や記号上の抽象的な事象も論理的に考えられるようになる。抽象的な命題や仮説を、演繹的に思考することが可能となる。

出所：ジャン・ピアジェ／滝沢武久訳『思考の心理学』みすず書房、1968をもとに筆者作成

　この時期の子どもたちのいざこざに対して、多くの保育者はすぐに仲介に入ることはせず、その成り行きをしばらく見守るようにするでしょう。その上で、互いに手が出てしまったり子ども同士では解決できないような場合になって初めて、「どうしたの？」と介入し、お互いの思いを存分に表出できるように関わっていきます。「叩かないでお口で言ってごらん」「先生じゃなく○○くんに言ってみたら？」というような言葉がけも、何かが起こったときに常に大人を仲介者とするのではなく自分たちで解決できるように、そして攻撃行動ではなく話し合いによってお互いの気持ちに違いがあることに気づいてほしいという願いがあるからです。

第3章　子どもの発達や生活に即した保育内容

事例3-1　活動に参加したがらないサトシくん
保育所／9月

　2歳6か月のサトシくんは、気持ちが乗るといろいろな活動に積極的に参加しますが、そうではないときは皆と同じ活動をしたがりません。9月のある日、運動会に向けて、担当保育士のJ先生が中心となって体操の練習をすることになりました。サトシくんも最初は一緒に体を動かしていたものの、そのうちに飽きてきたのか「キャー」と大声で言いながら周囲を走り回るようになりました。J先生は、サトシくんがやりたくないのであれば仕方がないと思い、別の保育士に彼のことを任せて体操の練習を進めていましたが、サトシくんの声があまりに大きいため、まねをして走り回る子どもも出てきてしまいました。

　サトシくんは、作る活動も体を動かす活動も器用にこなせるのですが、気分が乗らないと参加しません。それも、皆の活動をじゃまするかのように声を出して走り回るので、保育者としてはとても困っている状況でした。この頃はティーム・ティーチングで入っているもう一方の保育者が彼の相手をし、なだめすかして何とか活動に参加させようとしていました。結局この年の運動会では、親と一緒に体操をする種目も嫌がり、母親が来ているのにもかかわらず保育者と一緒に体操をすることになりました。

　このような子どもがいた場合、保育者としては「困ったな」などと思うことでしょう。しかし違う視点から捉えてみると、やればできるのにやらないということは、サトシくんの中に「この活動はしたくない」というはっきりとした意志が芽生えてきたということです。「クラス全体で揃った動きをしてほしい」と考える保育者にとっては困りものですが、子どもの成長・発達ということから考えると、成長の証しといえるのです。

　子どもたちにとって、運動会をはじめとする園行事は一年の活動にメリハリをつけるものです。保護者にとっても子どもの成長を見ることができる大切な場ですが、「保護者に見せること」が第一の目的ではありません。行事は、子どもたちが一歩成長してくれる場であってほしいものです。子ども自身が、やりたいことやりたくないことをはっきり意識してくるこの時期、保育内容のほうを見直すべき場合もあるでしょう。

　サトシくんは、3歳の運動会では母親と一緒に競技に参加することができました。小学生になってからは、自分から応援団長に立候補し応援合戦をリードする役割を担っています。子どもたちと日々接している保育者は、目の前にいる子どもの「困った行動」を変えることばかりに意識を向けがちです。しかし、なぜ子どもが活動に乗っ

てこないのかということを、子どもに内在する問題として捉えるのではなく、その活動自体の意味やそこに関わる保育者の向き合い方に目を向けていくことも必要です。子どもたちの成長・発達を短いスパンで捉えるのではなく、長い目で見ていくことが求められるでしょう。

> **演習** 事例3-1のように、子どもたち皆が行事に対して前向きに取り組めるとは限りません。あなたがサトシくんの担当保育士だった場合、サトシくんが行事に興味をもって関われるようにするためにどのような取り組みができるか考えてみましょう。
> ………………………………………………………………………………………
> ………………………………………………………………………………………
> ………………………………………………………………………………………

4　幼児期後期の発達と保育

　ここからは4歳以上の子どもたちの発達と保育について考えてみます。これまで自分の思いを出しながら遊びを進めてきた子どもたちは、園の環境にもずいぶん慣れてきていると思われます。言葉も十分に使えるようになり、また、道具の使い方も上手になってきます。

4.1　遊びの分類

　パーテン（Mildred Parten）という心理学者が、遊びを社会的交渉の度合いから6段階に分類しています（表3-2）。
　この中で他者との関わりが出てくるのは、平行遊び以降とされています。平行遊びとは、周囲と同じようなことをしているが子ども同士の関わり合いが見られないものです。3歳児が砂場で遊んでいる様子を見ると、まさにこの平行遊びであることがわかります。砂場で複数の子どもが泥団子作りをしていても、それぞれの子どもたちの間にコミュニケーションはありません。保育者が近づくと、「ねえ、おだんごつくったよ」などと自分の行動を認めてもらいたがりますが、例えば周りの子どもたちと協力して泥団子作りからお店屋さんごっこにつなげていく、などという展開にまでは至りません。
　一方、もし5歳児が数日間にわたって砂場で泥団子を作っていたら、保育者はどのように考えるでしょう。「この泥団子作りがお店屋さんごっこに発展すると、遊びが

表3-2 社会的参加度による遊びの分類

何もしていない	何もせずにぶらぶらしている状態。 注意を惹くものがあれば瞬間的には見る。
傍観者的行動	他児の遊びを眺めているだけの状態。 遊びに対して質問したり口を出したりはする。
ひとり遊び	おもちゃなどを使い一人で遊んでいる状態。 他児の遊びに影響を受けない。
平行遊び	周りの子どもと同じようなおもちゃで遊ぶがそれぞれ単独で遊んでいる状態。 並んで同じようなことをしていても、隣にいるだけといった様子。
連合遊び	他児と一緒に同じようなことをして遊んでいる状態。 遊び道具の貸し借りを行ったりするが、遊び自体は組織化されていない。
協同遊び（組織化された遊び）	遊びに何らかの目的があり、作業の分担などが見られる状態。 遊びが組織化されており、リーダーが活動の指示をしたりする。

出所：Parten, M. B., Social participation among pre-school children, *The Journal of Abnormal and Social Psychology*, 27 (3), 1932, pp.243-269をもとに筆者作成

いっそう充実するかもしれない」などと考えるのではないでしょうか。

4.2 発達を見据えたねらい

　保育には、「養護的」要素と「教育的」要素（第4章参照）がありますが、前者では、子どもたちの生命を維持しながら、子どもにふさわしい生活を保障するというところにその主眼が置かれています。子どもたちの日々の生活を守りつつ、その育ちを支えるという行為です。一方、教育的側面では教育する側の「ねらい」が欠かせません。生活を保障することに加えて、さらにその先を目指すような関わりが求められるのです。しかし誤解してはならないのは、ここでいう「関わり」とは、小学校以降の教育で見られるような教授－学習という関係における教授をするということではありません。子どもたちの発達を見据えながら、教える側（保育者）の思いをどのように保育内容や保育環境に反映させていくか、そこが幼児教育の特徴です。保育者の動きや言葉、環境設定などから子どもたちの活動が引き出されるようにしていくのです。このような関わりがなされると、子どもとしては保育者に「やらされている」とは感じません。子どもは遊びの中でそのおもしろさを追求しているだけなのですが、実はそこに保育者の思いが埋め込まれているのです。小学校との接続を意識する幼児期後期には、こういった教育的なねらいを見据えての関わりも必要です。

事例3-2　子どものモデルとしての保育者

幼稚園／12月

　4歳児クラスの冬、5歳になったばかりのカイくんは砂場で穴を掘っています。小さなスコップで穴を掘っていたのですが、途中から「どこまで掘れるか」というねらいをもって深く深く掘り進め始めました。「ずっと掘ったら宝物が出るかもしれない」と、独り言をつぶやきながら掘っていたので、周りの子どもたちもそれに刺激され、同じように深く掘り始めました。しかし、掘っても掘っても宝物は出てきません。途中で砂が崩れてくるので、カイくんは「もっとそっちから掘ってみて」「大きなスコップがないか探してくる」などと言いながらしばらく穴掘りに集中していました。

　そこに保育者のN先生が来ました。N先生は深い穴を一所懸命掘っているという皆の思いを感じ取り、一緒になって掘り始めました。先生が作業用の大きなスコップを持ってくると、「先生のスコップ貸して」と言う子どもも出てきて、この活動はお昼まで続きました。

　この事例から筆者は、保育者が憧れの存在となることの重要性を改めて感じました。このN先生は、歌もギターも製作活動も得意、さらにサッカーも上手で、特に男の子たちにとっては憧れの的です。そんなN先生は、子どもたちに「こうしたら？」と直接声をかけるような場面はほとんどなく、いつもさりげなく子どもたちと一緒に過ごしているのです。このときも「もっと大きな穴を掘ろうよ」などと言ったわけではなく、ただ隣で黙々と穴を掘り始めたのです。すると子どもたちのほうがだんだん盛り上がってきて、先生に話しかけたり、先生と同じような道具を取りに行ったりし始めたのでした。もちろん、先生が掘ったからといって砂場から宝物が出てくるわけではありません。しかし、「先生が僕たちと一緒になって穴を掘ってくれている」ということが嬉しかったのでしょう。言葉で子どもたちを動かすのではなく、保育者が動きを示すことによって自然と子どもたちの活動も盛り上がったというこの事例は、幼児教育に欠かせない部分を教えてくれます。

　第2節でも紹介したように、子どもたちの学び、いえ、子どもだけでなく大人になってからの我々の学びも、その原点は模倣にあります。保育者になろうとしている皆さんも、なぜ自分がこの道を目指したのか改めて考えてみてください。自分にとって目標となるような存在（憧れの保育者など）と出会ったからではないでしょうか。同じように、今度は皆さんが子どもたちにとって憧れの存在になってほしいと思います。

4.3 小学校入学前の姿

続いて、年長クラス後半の姿を示しながら、小学校入学までに保育施設で経験しておくべきことは何か考えてみます。

事例3-3　工夫をこらした遊びとイメージのずれ

幼稚園／2月

　5歳児クラスの冬の出来事です。ジュンちゃんは、皆と一緒に音楽に合わせて踊ったり、プリンセスになりきって遊ぶことが大好きな女の子です。

　この年、5歳児クラスの女児グループは、子ども会で人形劇をすることになりました。誰と一緒にやるか、どんな劇にするかは自分たちで考えます。ジュンちゃんは仲よしの女の子たち5人と一つのグループになりました。皆で相談し、それぞれが人形を作り、その人形を使ってバス遠足に出かける話を演じることにしました。人形を作るのは簡単ではありませんが、サエちゃんやミコちゃんたち、製作が好きな子を中心に人形劇の準備は進められていきました。

　皆の人形は完成しましたが、ジュンちゃん一人だけまだ人形が出来上がっていません。体を使って遊ぶのが好きなジュンちゃんですが、製作活動は苦手のようです。ジュンちゃんの人形がないために、なかなか練習を進めることができません。そんなある日、ジュンちゃんが人形を作らずに音楽を流しながら踊っていました。練習が進められずイライラしていたサエちゃんが、「どうして人形を作らないの！」と強い口調で言ったところ、周りにいた他の子たちもそれに同調し、「そうだよ、そうだよ」とジュンちゃん一人が責められるかたちになりました。最初は皆に反論していたジュンちゃんでしたが、5人の友達から責められて、最後は泣き出してしまいました。

　事例3-3には、これまでの園生活のまとめとして行われる子ども会に向けて準備をしている子どもたちの姿が描かれています[5]。園生活も後半に入ると、保育所に長期間通ってきた子どもも、幼稚園で3歳以降の園生活を送ってきた子どもも、それぞれ園生活における経験の積み重ねというものがあります。3歳とは違った1年間が4歳に、4歳とは違った1年間が5歳にあるはずです。

　年長児後半になると、自分たちでできることも格段に多くなり、そしてその技術も大変高いものとなってきます。園内にいると年長児がとても立派なお兄さんやお姉さんに見えるのは、体の大きさだけのことではないのです。そのため、遊びで達成しようとすることもずいぶんと複雑になり、ごっこ遊びにしてもより現実に近いものをイメージします。これまでに遊びの経験をしっかりと積み重ねてくると、より工夫をこらした遊びを求めるようになります。そして、その積み重ねゆえに、一人一人の個性というものが際立ってくるわけです。運動の得意な子、ものづくりが上手な子、小さな子の面倒を見るのが好きな子、それぞれ個性的な表情を見せてくれます。

事例3-3は年長女児のやりとりであり、お互いの自己主張をはっきりと見て取ることができます。当初、ジュンちゃんをはじめとするメンバーは、皆が作った人形で人形劇ができたらどんなに楽しいだろうと考え、この活動を始めました。子どもたちからの発想を大切にし、できるだけその思いを実現させようとする保育者の姿勢に、主体的な活動としての遊びを生かした幼児教育の基本を感じ取ることができます。

　子どもたちの発想を深めて保育実践につなげていくこのような保育のことを、プロジェクト型保育と呼びます。ある一つのテーマに基づいて進められていく保育実践（プロジェクト）のことで、そのテーマは基本的には子どもたちの発想からスタートするのが望ましいと考えます。しかし、実際には保育者が何らかのテーマを投げかけ、そこからプロジェクト活動につながっていくケースも多く存在します。事例3-3では、テーマそのものも子どもたちから湧き上がってきたものなので、より望ましい姿といえますが、子どもたちは思い描いたイメージを常にスムーズに実現できるわけではありません。今回も、たくさんのお客さんの前で自分たちが人形を操作しながら演ずるという、「お姉さん」として素敵な自分たちの姿を想定していたようですが、人形作りのところでつまずいてしまったようです。

> **演　習**　あなたが担任保育者だとして、ジュンちゃんたちのグループに対してどのように援助・介入するか考えてみましょう。
> ……………………………………………………………………………………
> ……………………………………………………………………………………
> ……………………………………………………………………………………
> **発展演習**　グループになって、それぞれの援助・介入について話し合ってみましょう。

　保育者としては常に複数の子どもたちを見ていますので、あるグループの活動にだけつきあうことはできません。しかしその場を離れていながらも、子どもたちのやりとり場面（点）をいくつか積み上げていくことで、その集団内でどのようなやりとりがなされていたのか、どのような葛藤が生じているのだろうかというところまでを推測し、点を線につないでいくのです。もちろん、点を線にするためには自分が見たことだけではなく、周りにいた同僚の保育者や他の子どもたちの言葉というのも大きなヒントになります。こういったエピソードを積み重ねていくことで、クラスの子どもたちに対する子ども理解が深まっていくのです。

　保育者は子ども理解をしっかりと意識しておかないと、次の援助方針を導き出すことができません。事例3-3では、最後のトラブルに至る過程でこのグループ内にど

のような葛藤が生じていたかを理解しているかいないかで、保育者の関わりが変わってきます。保育者が行う子ども理解は、自分も実践の中に身を置きながら、多くの子どもたちと関わる中でたくさんの点を捉え、その上で点を線にし、さらには線を面にしていくような思考過程が求められます。

　保育内容を考える上で、園としては当然子どもたちの年齢に応じた期待をかけるわけですが、倉橋惣三が「目的なしには一切の教育は存在しないのですが、目的だけで教育はあり得ない」[6]と記しているように、目的だけでは教育はできないのです。子どもたちの姿をしっかりと見ながら、その少し先のところに課題を設定していくことが保育者に求められる役割ではないでしょうか。保育内容が先にあるのではなく、子どもの姿が先にあるのです。

注
1）厚生労働省「保育所等関連情報取りまとめ（平成30年4月1日）」、2018
2）Fantz, R. L., The origin of form perception, *Scientific American*, 204（5）, 1961, pp.66-72（伊藤元雄・松浦国弘訳「形の知覚の起源」『愛知学院大学論叢　一般教育研究』25（3）、1978、pp.507-527）
3）明和政子『まねが育むヒトの心』岩波書店、2012、pp.39-78
4）Meltzoff, A. N., Moore, M. K., Imitation of facial and manual gestures by human neonates, *Science*, 198, 1977, pp.75-78
5）事例3-3は『幼児理解にはじまる保育シリーズ⑤いっしょにやろうよ―伝え合う気持ち・5歳児』（岩波映像、2008）を参考に作成。
6）倉橋惣三『幼稚園真諦』フレーベル館、2008、p.14

第4章
養護と教育の一体性とは

1　ECECとしての保育

1.1　保育という言葉の多義性

まず、次の条文を見てください。

> 教諭は、幼児の保育をつかさどる。［学校教育法第27条⑨］
>
> 幼稚園は、義務教育及びその後の教育の基礎を培うものとして、幼児を保育し、幼児の健やかな成長のために適当な環境を与えて、その心身の発達を助長することを目的とする。［学校教育法第22条］
>
> 保育士とは、（中略）保育士の名称を用いて、専門的知識及び技術をもつて、児童の保育及び児童の保護者に対する保育に関する指導を行うことを業とする者をいう。［児童福祉法第18条の4］

　上記の条文は他章でも紹介しましたが、その内容を改めて見直すと気づくことがあります。それは、幼稚園教諭も保育士も「保育」を行う者であるということです。

　幼稚園教諭は学校における保育者ですし、保育士は児童福祉施設における保育者ですから、保育者として果たす仕事内容が全く同じというわけではありません。保育の対象となる子どもの年齢、保育時間等、具体的な仕事内容には違いがあります。と同時に、序章でも述べているとおり、保育者として両者に共有される部分もあります。このように考えると、保育という言葉の意味の解釈が一筋縄ではいかないことがわかるでしょう。文脈をその都度しっかり確認しないと、「保育」を正確に理解することは難しい、ともいえます。

　この難しさは、一つの問題を私たちにつきつけます。それは、保育について議論を

したいときに、まさにその「保育」という言葉を共通言語として扱うのが難しい、という問題です。「ここでは保育をこのような意味で考える」などと確認することが必須になります。

さらに、視野を海外にまで広げても同様の問題があります。保育の捉え方が国によって異なるのです。例えば、保育を就学までの準備として捉えるレディネスタイプの国（英語圏諸国、中国、韓国など）、ケアと養育として捉えるホリスティックタイプの国（北欧を中心としたヨーロッパ諸国）では、保育という言葉のイメージは当然異なります。このような違いは、国際的な議論がスムーズに展開しない要因の一つになりえるでしょう。

1.2 Education と Care

OECD（経済協力開発機構）はECEC（Early Childhood Education and Care）という概念を提唱しました。ECECは日本の「保育」の概念に近いといえるもので、「施設の状態、財源、サービス提供時間、プログラム内容を問わず、義務教育開始年齢以前の子どもたちにケアと教育を提供するすべての手だてを包括する全体的な用語である」[1]と定義されています。保育現場の制度や実態が多様化している日本の状況にも、無理なくあてはめられる概念だといえるでしょう。また、国際機関がこのように提唱することによって、各国間での共通理解がなされることが期待できます。

さて、ECECを直訳すると、乳幼児期のCare（世話・保護）とEducation（教育）となります。Careには、心配事、配慮・気配り・世話・保護、関心事、といった意味がありますが、保育という営みの特性を考えれば、あてはまるのは配慮・気配り・世話・保護などでしょう。ECECの構成要素の一つであるCareは、子どもの育ちに気を配り、保護するという意味だと考えられます。

もう一方のEducationは、言うまでもなく教育を意味しますが（序章では「保育」と「教育」という視点から問いかけがありました）、ここでは、Educationという言葉そのものがもつ意味について確認します。英語のEducationの語源については諸説ありますが、数ある説明の中に「引き出す」という表現がしばしば登場します。以下は、Educationの動詞である、Educate（教育する）という言葉の成立に関して説明している文章です。

> エデュケーションということばの語源をさかのぼると、ラテン語の"educo"（エデュコ）という動詞にたどり着きます。その後、この動詞が、引き出すという意味の"educere"（エデュケーレ）と、養いつつ育むという意味の"educare"（エデ

ュカーレ）に分かれます。これらの流れをルーツとして今日の"educate"（エデュケート）という動詞が成立しています。[2]

　この説明を保育の視点から解釈すると、教育する（educate）という行為の中には、educere（エデュケーレ）という「子どもの内部にあるものを引き出す」要素と、educare（エデュカーレ）という「子どもを養い育てる」要素が含まれている、ということになります。

　エデュカーレについては、前述したCare（世話・保護）の意味との重なりが感じられます。教育（Education）という言葉のルーツにCareの要素が含まれているという説は、とても興味深いものです。

　そして、もう一方のエデュケーレ（引き出す）に注目すると、Educationには、人間がもっている能力を引き出すという意味が含まれるといえるでしょう。一般的に「教えること」に限定してイメージされることの多いEducationという言葉に、「引き出す」という意味が含まれていることを、常に頭に置いて本書を読み進めてください。

1.3　EducationとCareの関係

　ECECでは、EducationとCareがandという等位接続詞でつながれて、Education and Careという表記になっています。等位接続詞ですから、EducationとCareは、どちらかに重きが置かれる関係ではなく対等であるといえます。ただし対等な関係といっても、いろいろ考えられます。下図を見てください。

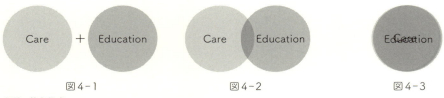

図4-1　　　　　　　図4-2　　　　　　　図4-3

出所：筆者作成

　図4-1は、元来別の意味をもつEducationとCareをそれぞれ独立したものとして捉え、両者を「足し算」することで、Education and Careとして成立させるという考え方です。

　図4-2は、EducationとCareを基本的には別々の存在としながらも、両者には共通点もあるという見方です。この場合、両者の共通点はどこにあるか、ということについて丁寧に考える必要があります。

　図4-3はEducationとCareを完全に重ねる見方です。完全に重ねるとしたら、

EducationとCareについてどのような見方をした場合か、という観点で考えてみてください。

> **演　習**　実際の保育現場をイメージして、図4-1から図4-3のどれが最も近いか考えてみましょう。
>
> ....
> ....
> ....
>
> **発展演習**　グループになって意見交換をしてみましょう。

2　保育所における養護と教育の一体性

2.1　保育所保育の基本原則

保育所保育指針は、保育所保育の特性について以下のように説明しています。

> **保育所保育指針**
>
> 　保育所は、その目的を達成するために、保育に関する専門性を有する職員が、家庭との緊密な連携の下に、子どもの状況や発達過程を踏まえ、保育所における環境を通して、<u>養護及び教育を一体的に行う</u>ことを特性としている。［第1章 総則 - 1 保育所保育に関する基本原則-（1）保育所の役割-イ］

下線部に着目してください。ここでの「養護」と「教育」という言葉の使い方を、前述したEducation and Careと照らし合わせると、養護＝Care、教育＝Educationになります。つまり、保育指針も、ECECという概念と同様の見方を提示しているといえます。

続いて、保育指針では「養護」と「教育」をそれぞれどのように説明しているのか確認してみましょう。

> **保育所保育指針**
>
> 　保育における「養護」とは、子どもの<u>生命の保持及び情緒の安定</u>を図るために保育士等が行う援助や関わりであり、「教育」とは、子どもが健やかに成長し、その活動がより豊かに展開されるための<u>発達の援助</u>である。［第2章 保育の内容］

保育指針におけるこれらの説明と、前述したEducationとCareについての解釈とを比べてみると、そこに大きな違いがないことがわかります。養護の説明にある「生命の保持及び情緒の安定を図る」は、「子どもを保護する営み」ですし、「教育」の説明にある「発達の援助」は「子どもが自ら発達していく力を引き出す営み」と考えられるからです。子どもの発達についての学びは「保育の心理学」等の教科目に譲りますが、子どもは自ら育っていくための様々な力をもっています。その本来もっている力を引き出すことを「教育」と捉えているのです。

2.2　養護と教育を「一体的に」行う

　国語辞典では、「一体的」とは「複数のものが一つに、または不可分になっているさま」と説明されています。ということは、養護と教育は「不可分で一つのもの」と解釈しなければなりません。つまり別々のものとして扱わない、ということです。ここでもう一度図4-1から図4-3を見てください。今述べたような「一体的」の解釈に沿えば、3つの図の中では、図4-3の考え方が適当であることがわかります。つまり、Care（養護）とEducation（教育）は不可分のものとして重なり合いながら、対等な関係で位置付いている、ということです。

　先ほど、養護と教育それぞれについて、保育指針における説明を引用しました。養護は子どもの生命の保持と情緒の安定を図るために保育士が行う援助や関わりで、教育は発達の援助だとされており、両者を別々に説明しています。これらを「一体的に行う」という意味について、より詳しく見ていきましょう。

2.3　視点の一体化

　まず、次の問いについて考えてみましょう。

> **演習**　保育所において、子どもの生命の保持や情緒の安定のために保育士が行う援助や関わりにはどのようなものがありますか。具体的にあげてみましょう。
>
> ....
> ....
> ....

　ここでは、給食を例にして考えてみます。給食は子どもが栄養を摂取する時間であり、体力を保持するためのエネルギー補給の場であるという見方が多いと思います。この場合、「生命の保持」のために保育士が子どもに働きかけるという意味において、

養護との関係がとても強いようにも見えます。けれども、給食の時間は養護のみが行われているのでしょうか。保育指針の以下の記述を見てください。

> **保育所保育指針**
>
> 　健康な心と体を育てるためには食育を通じた望ましい食習慣の形成が大切であることを踏まえ、子どもの食生活の実情に配慮し、和やかな雰囲気の中で保育士等や他の子どもと食べる喜びや楽しさを味わったり、様々な食べ物への興味や関心をもったりするなどし、食の大切さに気付き、<u>進んで食べようとする気持ちが育つようにすること</u>。〔第2章 保育の内容 - 3　3歳以上児の保育に関するねらい及び内容 - (2) ねらい及び内容 - ア 健康 - (ウ) 内容の取扱い - ④〕
>
> 　保育所における食育は、健康な生活の基本としての<u>「食を営む力」の育成に向け、その基礎を培う</u>ことを目標とすること。〔第3章 健康及び安全 - 2 食育の推進 - (1) 保育所の特性を生かした食育 - ア〕

　傍点を付けた「食育」は、各々の保育所の保育の基本姿勢が示される「全体的な計画」の一端を担う重要な実践です。食育に関する上記の引用文を見ると、給食が養護のみの時間ではないことに気がつくでしょう。下線部を以下に抜粋してみます。

　　進んで食べようとする気持ちが育つようにする
　　「食を営む力」の育成に向け、その基礎を培う

　この表現からわかるのは、いずれも、食を通して子どもの力を引き出し発達を援助すること、すなわち教育につながる関わりを保育者が目指している、ということです。このように検証すると、給食の時間には、養護と教育両方の要素が含まれていると見て間違いないようです。
　では、先ほど述べた、養護と教育を「一体的に行う」ということについて改めて考えてみましょう。
　養護と教育にはそれぞれの意味がありますが、給食場面の例を通して、一つの活動の中に両方の要素が混在していることがわかりました。「養護の活動」「教育の活動」があるわけではなく、保育者が子どもの育ちを捉える際に、養護の視点（生命の保持と情緒の安定を図る）と、教育の視点（活動がより豊かに展開されるために援助する）の両方が必要なのです。どちらか一方だけではなく、両方の視点をもって実践にあたる

ことが、「養護と教育を一体的に行う」ということです。
　そして、子どもの活動を「視点」をもって捉えるという考え方は、第8章、第9章で学ぶ「領域」に関する学びにもつながります。

> **演習** 先の演習で、「子どもの生命の保持や情緒の安定のために保育士が行う援助や関わり」をあげてもらいました。自分があげた内容の中の、教育（発達の援助）の視点を確認してみましょう。

3　就学前保育施設における養護と教育の一体性

3.1　幼保連携型認定こども園における養護と教育の一体性

　幼保連携型認定こども園は、幼稚園の機能と保育所の機能を併せ持つ施設です。そのため、幼保連携型認定こども園教育・保育要領には、幼稚園教育と保育所保育に関する内容がともに記されていますが、そこに「養護と教育を一体的に」といった記述は見られません。ただし、「教育と保育を一体的に」という記述があります。幼保連携型認定こども園の成り立ち（幼稚園と保育所の機能を併有）を考えると、必然的に保育所保育の「養護と教育を一体的に行う」という特性ももっていると解釈できます。また、「保育」、つまり前述したECEC（Early Childhood Education and Care）が存在するということは、幼保連携型認定こども園にはCare（養護）とEducation（教育）の要素が存在することになります。このように考えると、幼保連携型認定こども園においても「養護」と「教育」は重要なキーワードとなっていることがわかり、養護と教育の一体性についての説明が当てはまると考えられます。

3.2　幼稚園における養護と教育の一体性

　幼稚園は学校教育法に位置付けられており、集団保育施設としての性格は保育所と異なります。ただし、3歳以上の教育に関しては現在、幼稚園と保育所の間でその整合性が図られ、ほぼ同じ考えで実践が行われています。このように、保育実践レベルでは共通性が多い幼稚園と保育所ですが、養護と教育の一体性については、その説明のされ方に違いがあります。

第4章　養護と教育の一体性とは

　まず、幼稚園教育要領の文中に「養護と教育を一体的に行う」といった表現自体を見つけることはできません。「養護」という言葉も使用されていません。では、幼稚園教育には「養護」はないのでしょうか。以下の写真を参照しながら考えてみます。

①笑顔で園バスに乗車したケイタくん
「初めての幼稚園、楽しみ」

②バスの窓越しに泣いて訴えるケイタくん
「お母さんは一緒に乗らないの?!」

　写真は、幼稚園入園初日の場面です。ケイタくん（3歳）は母親と一緒に園バスの停留所まで来て、意気揚々とバスに乗り込みました。満面の笑みを浮かべています（①）。ところが、次の写真では一転して泣き顔になっています（②）。ケイタくんは園バスに乗って幼稚園に行くことを前から楽しみにしていたのですが、一つだけ予期せぬことが起きました。ケイタくんは、「お母さんも一緒にバスに乗る」と思っていたのです。けれども実際には、母親は乗らずにバスの扉が閉まり、発車してしまったのです。ケイタくんは、驚きと不安で泣き出してしまいました。

　その数時間後の様子が③です。そこには笑顔で写真に収まっているケイタくんがいます。

③ごきげんで帰ってきたケイタくん
「幼稚園、楽しかった」

> **演　　習**　写真のケイタくんが降園後に再び笑顔になっている理由として、幼稚園でどのようなことがあったのか想像してみましょう。
>
> ....
> ....
> ....
>
> **発展演習**　グループになって意見交換をしてみましょう。

では、ここで教育要領からの引用を見てみましょう。

> **幼稚園教育要領**
>
> 　幼児は安定した情緒の下で自己を十分に発揮することにより発達に必要な体験を得ていくものであることを考慮して、幼児の主体的な活動を促し、幼児期にふさわしい生活が展開されるようにすること。［第1章 総則－第1 幼稚園教育の基本－1］
>
> 　入園当初、特に、3歳児の入園については、家庭との連携を緊密にし、生活のリズムや安全面に十分配慮すること。また、満3歳児については、学年の途中から入園することを考慮し、幼児が安心して幼稚園生活を過ごすことができるよう配慮すること。［第1章 総則－第3 教育課程の役割と編成等－4 教育課程の編成上の留意事項－（2）］
>
> 　幼稚園生活が幼児にとって安全なものとなるよう、教職員による協力体制の下、幼児の主体的な活動を大切にしつつ、園庭や園舎などの環境の配慮や指導の工夫を行うこと。［第1章 総則－第3 教育課程の役割と編成等－4 教育課程の編成上の留意事項－（3）］

　下線部は、子どもが安全に、安心して園生活を送るために幼稚園教諭が留意すべき事柄です。その記述内容は、保育所保育で使われる「養護」と同様だと解釈できるでしょう。先ほどあげた写真のケイタくんに対して、幼稚園教諭が、養護の視点から様々な関わりをもったであろうことは容易に推察できます。

　また、幼稚園は学校です。ですから、そこで学校教育としての教育が行われているのは自明のことです。この点を加味すると、幼稚園においても実態としては、「養護」と「教育」が一体となった保育が展開されていると考えられます。

本章では、養護と教育の一体性について、保育所保育を中心としつつ幼保連携型認定こども園、幼稚園も含めて述べてきました。ところで、「養護」を生命の保持と情緒の安定を図ること、「教育」を発達の援助及び能力を引き出すこと、と捉えたとき、「養護と教育の一体化」は、本章で取り上げた集団保育施設以外の場にもあてはまることに気がつきませんか。例えば、児童養護施設はどうでしょうか。学校ではないから、そこに教育の視点はないのでしょうか。小学校や中学校はどうでしょう。学校であるという理由で、そこに養護の視点はないのでしょうか。

　保育についての学びから少し視野を広げてみると、子どもに関わる対人援助の仕事の多くに、「安全・安心」と「発達の援助」の両面があることに気がつきます。本書の読者の皆さんの大半は、いわゆる保育者養成校の学生でしょう。養成校の先生方が皆さんに対してもっている「養護」の視点を探してみてはいかがでしょうか。

注
1）OECD編著／星三和子・首藤美香子・大和洋子・一見真理子訳『OECD保育白書—人生の始まりこそ力強く：乳幼児期の教育とケア（ECEC）の国際比較』明石書店、2011、p.265
2）勝野正章・庄井良信『問いからはじめる教育学』有斐閣、2015、p.6

第5章 子どもの生活と保育内容

1　現代の子どもの生活と保育内容との関わり

1.1　子どもの一日の生活

　ある家庭の一日を見てみましょう（図5-1）。家族構成は、父親、母親、4歳の子ども、1歳の子どもの4人家族です。父親と母親は共働きで、2人とも週5日の常勤として勤めています。子どもたちは保育所に通い、それぞれ4歳児クラスと1歳児クラスに在籍しています。

　父親は、仕事のため6時に家を出て、22時頃帰宅します。母親の勤務時間は9時から17時までで、通勤時間は1時間です。保育所の送迎は母親がしています。自宅から保育所までは約20分なので、朝は子どもたちを6時に起こし、朝食、歯磨きなどの身支度をして、7時過ぎに3人で家を出ます。7時半に保育所に到着し、それぞれのクラスで支度と挨拶をして会社に向かいます。帰りは17時に仕事を切り上げて急いで保育所に向かい、18時15分頃にお迎えとなります。保育所で帰り支度をしたり、時には子どもたちがまだ遊びたいとしゃがみ込んでしまったりすることもあり、帰宅は19時を過ぎることも少なくありません。その後食事の準備をして、19時45分頃から夕飯を食べ、入浴し、着替えや歯磨きをして、21時過ぎに布団に入ります。それから絵本を読んで、子どもたちは21時半に就寝します。

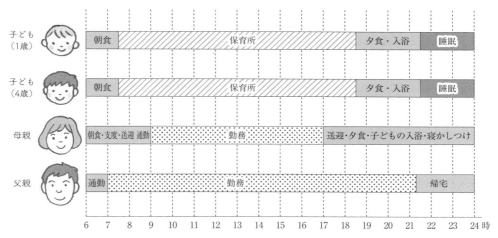

図5-1 ある家庭の一日の生活時間例
出所：筆者作成

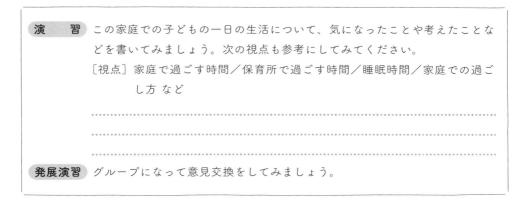

　紹介した家庭は、特別な例ではありません。現代では、出産後も継続して働く女性が5割を超え[1]、就学前の子どもたちの多くが保育所等を利用しています[2]。子どもの生活はどうしても大人の勤務形態などに合わせたものになりやすく、慌ただしい一日になりがちです。そのような実態を踏まえて、保育者として乳幼児期にふさわしい生活、健やかな成長を保障するために必要な工夫や配慮をしていく必要があります。また、目の前の子どもにとっての日々の保育の工夫と同時に、社会の価値観や仕組み、あり方の視点からも、子どもの生活について考えていきましょう。

1.2　子どもの生活と少子化

　現代の日本の大きな課題としてあげられるのが、少子高齢化です。保育内容の観点から、少子化による課題について考えてみましょう。

地域によって違いはありますが、一般的には地域に住む子どもの数が少なくなり、地域での日常的な子ども同士の関わりが減少していると考えられます。なかでも、年齢の異なる子ども同士の関わり合いが起こりにくい状況にあります。そのため、園では、同年齢、異年齢の子ども同士の関わりがもてる環境を意識していく必要がありそうです。

　園にはたくさんの子どもたちが生活していますが、人数が多ければ自然な出会いや関わり合いが保障できるとは限りません。地域と異なり、保育所や幼稚園などは一定の基準の上に成り立つ集団保育施設であり、子どもたちもその管理下で生活しているからです。子どもが自ら周囲の子どもたちに興味や関心をもったり、その子なりの生活や遊びを通して友達との関係を築いていったりできるような配慮が保育者に求められます。

　また、家庭をはじめとする様々な場において、大人に対する子どもの人数が少なくなりがちなことも、課題としてあげられます。子どもを見守る大人の目が多くなり、安心できることもありますが、過干渉になりやすい状況でもあります。大人の手が届きやすいため、子ども自身ができること、やろうとしていることを先回りしてやってしまいがちなのです。子どもにとっては、自発性が発揮できなくなったり、意欲をもちにくくなったりすることも考えられます。子どもが自分の思いを表現する姿や、意欲をもって取り組もうとする姿を丁寧に読み取り、保障する必要があるでしょう。

　大人の目が多いということは、大人にいつも「見られている」ということでもあります。保育者が子どもの行動を見ているということは大切ですが、子どもだけで行動したり、解決したという実感が得られるように、見ていないふりをすることもあります。保育者は子どもにどのように視線を向けるか、目の前の子どもがどのように保育者の視線を感じているかを意識することが必要です。

事例5-1　自分ではどうにもならない！

保育所／12月

　昼食前の時間のことです。園庭で遊んでいた子どもたちは入室し、年長のサヤカちゃんは汚れた服を着替え始めました。ところが、着ていたワンピースが脱げずに困っていました。背中のボタンに手が届かず、自分で着替えるには難しいワンピースだったのです。サヤカちゃんがしばらく悪戦苦闘していると、友達のユリちゃんが「やってあげる」と言って背中のボタンを外してくれたので、サヤカちゃんは着替えることができました。

事例5-1では、保育室にいた大人は筆者だけでした。筆者は、サヤカちゃんの困難を見て、これは自分ではどうにもならないだろうと思い、手伝おうか、友達が手伝ってくれるのを待とうか迷いました。年長でもあり、それまでの子ども同士の関わりの様子からも、おそらく友達が手伝ってくれるだろうと予想ができ、子ども同士で対処していけるのならそのほうがよいだろうと思っていたからです。

しかし、この場面は、確実に他者の助けを必要とします。サヤカちゃんが、「自分の困難を知りながら、助けてくれない大人がいた」と捉える可能性もあるでしょう。「大人がいないから自分たちで何とかする」のと、「大人が見ていると感じながら自分たちで何とかする」のとでは、体験としては異なります。大人が見ていることが、子どもにとってどのような意味をもつのかを考え、自身の態度や表情やふるまいを検討することも必要です。

1.3 子どもの生活とメディアとの関わり

現代の生活では、テレビはもちろん、DVDやパソコン、スマートフォンなどのメディア機器の使用が当たり前になっていることは、皆さんも実感できるでしょう。

日本小児科医会が「スマホに子守りをさせないで」というリーフレットで警鐘を鳴らしているように、乳幼児期のスマートフォンなどのメディアとの関わり方が危惧されています。保育を学ぶ学生に、子どもを取り巻く現代の社会的課題を聞いてみても、スマートフォンとの関わりがあがります。

実は、スマートフォンを子どもが使用することに関しては75％以上の保護者が抵抗感を抱いており、子どもが使用するという家庭でも、使用時間は15分程度以内が約70％という結果となっています[3]。また、親子で一緒に使用することが主となっていて、子どもだけで使用することは少ないようです。家庭生活の中で、子どもへの影響を考慮しながら取り入れようとしている様子がうかがえます。

とはいえ、ほぼ全家庭が所有するスマートフォンが子どもにとって身近な機器であることは間違いないでしょう。また、テレビやDVDの視聴は他のメディア機器に比べて抵抗は少なく、視聴時間も長くなる傾向があるようです。子どもにとって身近なメディアは、園生活や遊びの中でも、イメージしたり思いついたりする可能性が高くなります。

家庭での生活と園生活を切り離して考えることはできません。乳幼児期は直接的な体験が必要かつ重要であることを十分に考慮して、なおかつメディア機器などを闇雲に否定せず、関わり方を模索していくことが大切だと考えられます。

2　保育の場における生活

　保育の中では、「生活」が重要な事柄として位置付けられています。日本の保育の父と呼ばれる倉橋惣三は、保育について「生活を生活で生活へ」と表しました。これは、子どもの興味関心に基づく自発的な生活を尊重し、その子どもが十分に興味関心に基づいて自発的主体的に生活することで、その子自身の生活を豊かに充実させていくことを保育の基本的な在り方とする、ということです。「生活を生活で生活へ」とは、保育の目的、方法、内容を表しています。保育において、「生活」という言葉は、「生活」そのものを指すと同時に、その目的、方法、内容を表す専門的な言葉でもあるのです。

2.1　保育所保育指針と幼稚園教育要領に見る、子どもに「ふさわしい生活」

　では、保育指針と教育要領にある「生活」という言葉を確認してみましょう。

> **保育所保育指針**
> 　保育所は、児童福祉法（昭和22年法律第164号）第39条の規定に基づき、保育を必要とする子どもの保育を行い、その健全な心身の発達を図ることを目的とする児童福祉施設であり、入所する子どもの最善の利益を考慮し、その福祉を積極的に増進することに最もふさわしい生活の場でなければならない。［第1章 総則-1 保育所保育に関する基本原則-（1）保育所の役割-ア］

　「子どもの最善の利益」とは、大人の利益が優先されたり、大人の都合で子どもが不利益を被ったりすることがなく、意志をもつ一人の主体として子どもが尊重されるということです。そして、「最もふさわしい生活の場」とは、一人一人の子どもが主体としてよりよく生きることが保障され、自分らしさを最も発揮でき、充実して生きることのできる場であり、それが保育所の役割であるといっています。

> **幼稚園教育要領**
> 　幼児は安定した情緒の下で自己を十分に発揮することにより発達に必要な体験を得ていくものであることを考慮して、幼児の主体的な活動を促し、幼児期にふさわしい生活が展開されるようにすること。［第1章 総則-第1 幼稚園教育の基本-1］

「幼児期にふさわしい生活」について、教育要領の「解説」では、①自分の存在を大人に認められ、安心して安定した情緒が基になること、②子ども自身の興味関心に基づいた直接的で具体的な体験を通して充実感を味わうこと、③友達と相互に関わり合いながら自己と他者を知ったり関心や意欲を高め合ったりすること、と説明しています[4]。

保育指針でも教育要領でも、子どもに「ふさわしい生活」が重視されています。そして、子どもに「ふさわしい生活」として示される内容は、子どもが主体として尊重されること、自分らしく能動的で充実していること、という主旨で共通していることがわかります。まとめると、保育の場では以下のことが重視されているといえます。

・子どもが主体として尊重され、その権利が守られ、安心して安定した情緒のもとで生活できること
・子どもが自分らしく、自身の興味関心に基づいて自発性を発揮しながら生活できること

2.2 生活を通した保育

保育指針には、保育の方法が次のように記されています。

保育所保育指針

子どもが自発的・意欲的に関われるような環境を構成し、子どもの主体的な活動や子ども相互の関わりを大切にすること。特に、乳幼児期にふさわしい体験が得られるように、生活や遊びを通して総合的に保育すること。［第1章 総則-1 保育所保育に関する基本原則-（3）保育の方法-オ］

ここでは、「生活や遊び」を「遊びを含む園生活すべて」と捉えて考えていきます。また、教育要領には次のような記述があります。

幼稚園教育要領

各領域に示すねらいは、幼稚園における生活の全体を通じ、幼児が様々な体験を積み重ねる中で相互に関連をもちながら次第に達成に向かうものであること
［第2章 ねらい及び内容］

いずれも「生活を通して」保育を行うこと、子どもが育っていくことが示されています。では、次の場面を読み、演習課題に取り組んでみてください。

［園での一場面］10人程の子どもたちが外で遊んで入室し、部屋の隅にある手洗い場で手を洗っています。蛇口は3つなので、洗っている子どもと待っている子どもがいます。泡が楽しくて何度も泡を出して隣の子と見せ合っている子もいれば、その様子をすぐ後ろからじっと見ながら待っている子もいます。保育者が近くまで来て「泡、よく落としてね」と言葉をかけて去っていきました。

演習 上記の手を洗う場面で、子どもが感じたり、気づいたり、身につけたり、学んだりしていると考えられることをあげてみましょう。

....
....
....

　手を洗う行為は、外遊びの後や、昼食後、排泄後など、活動と活動の合間に行うことのように捉えがちです。しかし、子どもたちが様々な体験を積み重ねて経験として身につけていくと考えると、活動の合間の短い行為であっても様々な学びがあることに気がつくのではないでしょうか。次の事例ではどうでしょう。

事例5-2　「Y先生にやってもらおう」
　　　　　　　　　　　　　　　　　　　　　　　　　　　　　　　保育所／10月
　夕方、クラスの皆は帰り支度をしてホールに移動し始めています。3歳のナナちゃんは、支度をしないままフリーのY保育者と保育室に残っています。皆がいなくなると、Y保育者に「（支度）やってー」とお願いし、Y保育者はナナちゃんも一緒に支度をするよう言葉をかけながらも、一つ一つ手伝います。そこへ担任のT保育者が様子を見に戻ってきて、少し笑いながら「あ、やってもらってる」と言うと、ナナちゃんはちょっと照れた表情で素早く自分で支度を整えると、すぐにホールに向かいました。

ナナちゃんは、皆と一緒に帰りの支度をしなくても、Y保育者が一緒に残っていてくれるという見通しや、Y保育者はきっとやってくれるという予測と結果、Y保育者への安心感や心地よさ、帰りの支度は本来自分でやるべきという理解、T保育者に気づかれているという発見、T保育者が自分を気にかけているという実感などを得たり気づいたりしていたことでしょう。

ナナちゃんの行動は、いわゆる「望ましい」姿ではないかもしれません。しかし、そのような場面でも、ナナちゃんが様々なことを感じ取ったり、気づいたり、知ったりして学んでいることが理解できたでしょうか。ナナちゃんは、自分なりの見通しをもって試したり判断したりしています。そして、この短い一場面でのナナちゃんの見通しや判断の背景には、これまでの日々の生活を通したナナちゃんの経験があることがわかります。また、Y保育者もT保育者も、ナナちゃんの行動を予測し受けとめていることに気づくでしょう。

園生活の中で、子どもは、保育者が意図したことも、意図しなかったことも自ら学び取っていきます。何を経験として身につけるかは、子どもに任されることになるのです。そのため、遊びの場面だけでなく、または保育者が提案した「一斉活動」の場面だけでなく、園生活のすべてを、子どもの経験として身につけていく可能性のある保育内容として捉える必要があるのです。そのすべてを通して子どもは学び、育っていくからです。そして、生活全体を通して子どもが育っていくために、保育者は「子どもが自発的・意欲的に関われるような環境を構成」することが重要となります。

2.3 「遊び」と「生活」

2.1で確認してきた生活は、遊びもすべて含んだ言葉として使われています。教育要領で、「遊びを通しての指導を中心として」ねらいが総合的に達成されることを重視しているように、園生活は「遊びを中心とした生活」であるといえます。

一方で、教育要領の「解説」の序章に、「幼児の生活は、本来、明確に区分することは難しいものであるが、具体的な生活行動に着目して、強いて分けてみるならば、食事、衣服の着脱や片付けなどのような生活習慣に関わる部分と遊びを中心とする部分とに分けられる」[5]とあります。また、保育指針や教育要領などには「生活や遊び」「遊びや生活」という表現が見られます。こういった記述では、「生活」と「遊び」は分けられる概念として扱われています。

「遊びや生活」という表現からは、生活は遊びと対（ペア）になること、と捉えることができます。この場合の生活とは、上記の「解説」に記された、区分は難しいけれど生活習慣に関わる部分、ということになります。まずは、生活という言葉に2つ

の異なる使われ方があることを知っておいてください。その上で、区分は難しいという生活と遊びとの関係を考えてみたいと思います。

> **事例5-3　一緒に食べよう**　　　　　　　　　　　　　　　　　保育所／11月
>
> 　年長クラスのある日の昼食のことです。この時期、このクラスでは、保育室内かテラスの好きな場所で、食事の支度ができた子どもから、挨拶をして昼食を食べることになっていました。
> 　トモヒロくんは、保育室内で友達の座っているテーブルに加わり、マットを敷いてご飯やおかずを準備し始めましたが、辺りを見渡して「あ！」と言うと、マットやお皿などをすべてテラスのテーブルに移して、テラスにいた友達と一緒に昼食を食べ始めました。実は、テラスにいた友達は、昼食の前まで園庭で一緒に遊んでいた相手だったのです。そして、お互いに「（お昼寝から）起きたら、また作ろうな」と話していました。

　昼食というと、（生活習慣に関わる部分という意味での）「生活」と考えられますが、トモヒロくんにとって、また友達にとっても「遊び」の気持ちは続いていて、それが「生活」の行動にも表れていることがわかります。保育者にとっても子どもにとっても、「生活」は、ある程度具体的にすることが決まっていて、かつ必要なこととして、「遊び」とは分けて捉えられることは多いのですが、相互に連続していたり関連していたりするものなのです。

3　家庭の生活との連続性、総合性

　皆さんは、学校生活と学校以外での生活のバランスを考えて日々過ごしているでしょう。例えば、「昨日は夜遅くまで本を読んでいたので授業中眠いけれどがんばろう」「来週は課題が多いからアルバイトは減らすようにしよう」など、自身の生活の連続性や総合性の中で見通しをもって動いていることと思います。もちろん、子どもも園生活だけで生活が成り立っているわけではありません。保育指針、教育要領には次のように記されています。

第5章　子どもの生活と保育内容

> **保育所保育指針**
> 一人一人の子どもの状況や家庭及び地域社会での生活の実態を把握するとともに、子どもが安心感と信頼感をもって活動できるよう、子どもの主体としての思いや願いを受け止めること。［第1章 総則-1 保育所保育に関する基本原則-（3）保育の方法-ア］

> **幼稚園教育要領**
> 幼児の生活は、家庭を基盤として地域社会を通じて次第に広がりをもつものであることに留意し、家庭との連携を十分に図るなど、幼稚園における生活が家庭や地域社会と連続性を保ちつつ展開されるようにするものとする。［第1章 総則-第6 幼稚園運営上の留意事項-2］

　保育者が子どもの姿を見て直接関わるのは園生活だけですが、子どもの生活は園だけでなく、地域、家庭などの生活を含めて成り立っています。子どもの安定した生活を保障していくためにも、家庭との連携は必要不可欠です。個人差の大きい3歳未満児については特に、生活リズムや食事排泄など具体的な情報を共有しながら、安定して心地よい生活となるような配慮が必要です。例えば夜泣きが長くて夜中の2時、3時頃まで起きていたとしたら、翌日の園生活でも体調や睡眠のタイミングなどにいっそう気を配る必要があるでしょう。あるいは昼食のときにいつもより食欲がなかったとしたら、保護者に伝えて考慮してもらう必要があるでしょう。子どもの24時間をトータルに捉えることが大切です。遊びでも同じことがいえます。

事例5-4　思いついたおもてなしのジュース　　　　　　　　　　　保育所／7月

　筆者の子どもが4歳児クラスだったときのことです。ある日、保育所から帰って自宅で空き箱や容器を使って遊んでいると、突然「そうだ！」と言って小さなプラスチックの空き容器に、切った折り紙を詰め始めました。そして、最後にペンで色をつけた綿を詰めました。同じ容器がいくつかあったので同様に作っていきます。作り終えた後、筆者に「明日、髪切り屋さんのお客さんに出すジュース！」と見せてくれました。
　翌日、登園すると早速友達と髪切り屋さんの準備をし、作ったジュースを友達に見せていました。担任保育者によると、前日までの髪切り屋さんではジュースのおもてなしはなかったけれど、友達も「いいね」と言ってくれて、お客さんが来るといそいそとジュースを出し、お客さんが「おいしかった」と言うのを聞いてとても嬉しそうだったとのことでした。

> 実は、仲の良い友達が一緒だったことから髪切り屋さんを始めたものの、あまりイメージが湧かなかったのか、何をするでもなく近くにいるという姿があり、担任保育者も気にかけていたところでした。その日迎えに行くと、自分から嬉しそうに髪切り屋さんの話をしてくれました。

　事例5-4では、友達と一緒に遊びたいものの、自分なりにどう関わっていこうか突破口が見つけられずに、自宅に帰っても気になっていたのでしょう。家庭で一人で遊ぶという状況だったことや、なじみのある容器から思いついたのかもしれません。思いついたことが園で友達に受け入れられ、「おいしい」という言葉が聞けたことで、認められたと感じて自信をもてたようです。子どもの思いが園と家庭で連続し、展開していったといえるでしょう。また、保護者と保育者がそれぞれの生活における子どもの姿を共有し合うことで、子どもの経験の過程を捉えることが可能となっています。

4　見通しのもてる生活と主体性

　保育指針でも、教育要領でも、教育・保育要領でも、子どもが主体的に遊び、生活することを重視しています。子どもの主体性を尊重し、また子どもが主体性を発揮し、より主体的に生活することを大切にしています。主体性とは何かを定義することは難しいのですが、ここではいったん、子どもが考え判断し必要感や意味を感じていることとします。子どもが考え判断したり、必要感をもったり意味のあることと感じながら行動する、つまり主体性を発揮するためには、基準や根拠が必要です。日々の生活の中で、子どもは生活の状況を自分なりに理解し、根拠を見つけ判断しているのです。だとすると、保育者は子どもにとって根拠となったり必然性が感じられたりするような生活を営む必要があるでしょう。例えば、日々前触れなく一日の生活の流れが変わったり、生活の仕方を一方的に変えられたり、必然性の説明なく、また子どもに確認や相談なく物事が決められてしまうような生活では、子どもは主体的に生活することができません。保育者は、主体である子どもとともに生活する主体者ですので、必要に応じて保育者の考えや事情を伝えたり、相談したりしながら生活をつくっていく必要があります。

> **事例5−5**　「隣に座ろうぜ」
> 保育所／5月
>
> 　年長クラスでのことです。登園後、1時間ほど好きな遊びをしたあと、朝の集まりが始まろうとしていました。特に席は決まっておらず、子どもたちは好きな場所に座ります。カナトくんとリョウスケくんが、手にブロックで作った何かを持って「隣に座ろうぜ」と言って隣同士で座りました。このクラスでは、朝の集まりのときに、皆に紹介したいものがある人は前に出て紹介をするということをほぼ毎日していました。カナトくんとリョウスケくんは、いつもはそれぞれにブロックで作ることが多いのですが、この日は一緒に作っていたので、隣に座って一緒に紹介しよう、というわけだったのです。二人は、いざ皆の前に出てみるとなかなか言葉で表現できずにいましたが、担任保育者に助けてもらいながら得意気に紹介をしていました。

　カナトくんとリョウスケくんは、この日の朝の遊びで充実感や満足感を得ていたのでしょう。そして、二人でその余韻を感じながら、「今日も先生が「紹介したい人」って言うだろうから、そうしたら自分たちの作ったブロックを紹介しよう」と、日頃の生活から考え、見通して「隣に座ろう」と言ったのでしょう。そして、いざ紹介しようと皆の前に立ってみたら戸惑ってしまったのですが、楽しかった、紹介したいという思いがあるから、何とかクラスの仲間に伝えようと努力したと考えられます。その過程の中での保育者の助けは、必要なこととして積極的に受けとめられたのではないでしょうか。

　このように、日々の生活を子どもたちなりに理解し、自発的に行動してみることができる、主体として尊重される生活を通して、子どもは主体的に生活することができ、自分自身に必要な経験を自ら得ていくことができるのだと考えられます。

注
1）国立社会保障・人口問題研究所「現代日本の結婚と出産—第15回出生動向基本調査（独身者調査ならびに夫婦調査）報告書」、2017
2）厚生労働省「保育所等関連情報取りまとめ（平成30年4月1日）」、2018
3）ベネッセ教育総合研究所「第2回乳幼児の親子のメディア活用調査」、2018
4）文部科学省『幼稚園教育要領解説』フレーベル館、2018、pp.33-34
5）同上、p.17

第6章 子どもの遊びと保育内容

　保育について学んでいる皆さんは、他の授業や実習中に、あるいは関連する書籍などの中で、「子どもにとって遊びが大切」と聞いたことがあると思います。本章では、以下のような問いを立てながら遊びについて学びます。
・そもそも遊びとはどう定義できるのか、どう捉えたらよいのか。
・保育の中で、なぜ遊びを重視するのか。
・遊びを通した保育とはどのような考え方で、どのような実践なのか。
・遊びにおける保育者の基本的な役割とは何か。
　このような問いに沿って、保育内容としての遊びとは何か、考えていきましょう。

1　遊びをどう捉えるか

　遊びとは何か。この問いに対しては様々な説明が考えられますが、まずはホイジンガ（Johan Huizinga）による定義を見てみましょう。

> 　遊びとは、あるはっきり定められた時間、空間の範囲内で行なわれる自発的な行為もしくは活動である。それは自発的に受け入れた規則に従っている。その規則はいったん受け入れられた以上は絶対的拘束力をもっている。遊びの目的は行為そのもののなかにある。それは緊張と歓びの感情を伴い、またこれは「日常生活」とは、「別のもの」という意識に裏づけられている。[1]

　このホイジンガの定義に基づき、小川は遊びの特色を次の4つにまとめています。

①遊びの自発性：遊び手が自ら選んで取り組む活動である。
②遊びの自己完結性：遊び手が他の目的のためにやる活動ではなく、遊ぶことそれ自体が目的となる活動である。
③遊びの自己報酬性：その活動自体、楽しいとか喜びという感情に結びつく活動である。
④遊びの自己活動性（自主性）：自ら進んでその活動に参加しなければ味わうことはできない。[2]

具体的にどういうことか、より詳しくひもといていきましょう。

1.1　遊びの自発性

遊びとは、他人から強要されて行うものではありません。自分からやりたいと思って取り組むものです。当たり前のようですが、これはとても重要です。

保育の世界には「自由遊び」という言葉があります。この言葉についてどう思いますか。ホイジンガが定義しているように、遊びはやりたいからやるもので、当然「自由」なものであるはずです。それならば、なぜわざわざ「自由」と付けるのでしょうか。保育の世界には「不自由な」遊びがあるのでしょうか。皆さんも改めて考えてみてください。

1.2　遊びの自己完結性

遊びとは何らかの目的のために行うものではなく、遊ぶことそれ自体が目的です。例えば子どもたちは追いかけっこが大好きですが、「何のために」しているのでしょうか。「体力をつけるため」でしょうか。「仲間との人間関係を学ぶため」でしょうか。そうではなく、単純に「追いかけっこがしたいから」ではないでしょうか。しかし、大人が、例えばテニスをする場合、テニスをすること自体ではなく健康や美容を目的にしていることも多いものです。そのような場合は、ここでいう遊びにはあてはまりません。

1.3　遊びの自己報酬性

遊びとは、途中で少々の困難があっても、最終的には楽しい、嬉しいという快の感情が伴うものです。子どもたちは、途中で仲間と意見が合わないことやケンカをすることがあっても、それを乗り越えて最終的に楽しさがあるという見通しが立っていれば、遊びを続けていくことがあります。よくいわれる例ですが、大人でも、登山を趣

味にしている人は、途中息が切れたり体力的につらくなったりしてもやめません。最終的にやり遂げたときに、「やった！」「楽しい」という感情が待っていることを知っているからです。

1.4　遊びの自己活動性（自主性）

　自分から参加しないと、遊びを味わうことはできません。「傍観者遊び」といって、見ているだけで参加しているような気持ちになることもありますが、基本的に遊びは参加しないと楽しめません。これも当たり前といえば当たり前のことですが、保育者になろうとする皆さんはしっかり意識しておいてください。

　このように遊びの特色を4つあげることができますが、これに基づき、何が遊びで何が遊びではない、と判断することはできるでしょうか。小川もいうように[3]、①自発性と④自己活動性（自主性）は外から見ても判断できますが、②自己完結性と③自己報酬性が保障されているかどうかは、第三者から見ると明確にはわからないでしょう。②と③は人の内面のことだからです。とはいえ、子どもが遊びを長時間続けたり繰り返し取り組んだりしている場合は、そこに遊びの自己完結性、自己報酬性が見いだせるでしょう。

　まとめると、遊びとは、「自分から行う活動で、何かの目的のためにではなく、それ自体が楽しいからするもの」です（第7章では、「環境に関わる子どもの姿」としてまた言及します）。

　では、ここまで見てきた遊びの特色を踏まえて以下の（1）（2）を読み、演習課題に取り組んでみてください。

（1）保育者のAさんは、子どもたちにそろそろドッジボールを体験してみてほしいと考えました。クラスの子どもたち全員に集まってもらい、ルールを説明して、一緒にドッジボールをやりました。最初、子どもたちはルールを理解できなかったようですが、困ったときにAさんが助けながら進めていくとだんだんと乗ってきて、最終的にはとても盛り上がりました。

（2）皆でドッジボールをした翌日、数人の子どもたちがAさんのところへ来て「昨日のドッジボールがしたい」と言いました。Aさんと子どもたちは一緒にボールを取りに行き、コートの線を引いてドッジボールを始めました。すると他の子どもも「入れて」とやってきて、多くの子どもたちがAさんとともにドッジボールをやりました。

> **演　　習**　（1）と（2）の子どもたちは、同じ姿といえるでしょうか。どちらも「遊び」でしょうか。前述した遊びの4つの特色を参照しながら考えてみましょう。
>
> ....
> ....
> ....
> ....
>
> **発展演習**　グループになって意見交換をしてみましょう。

　2つの姿は、子どもたちがドッジボールをやっているという点では同じように見えるかもしれません。でも、実は大きな違いがあります。「自分から取り組んだかどうか」というところです。（1）では、保育者から投げかけて皆でドッジボールをやってみました。最終的に盛り上がって楽しむ姿はありましたが、保育者から言われて始めたドッジボールです。前述した遊びの特色から考えると、「遊び」とは言いにくいのではないでしょうか。保育者が皆でやろうと言って取り組んだ活動と呼んだほうがいいかもしれません。

　対して（2）では、子どもたちからやってみたいという声があがり、それに保育者が応えています。子どもたちが「自分から」始めています。途中から加わってきた子どもも「自分から」取り組んでいます。この「自分から」にこだわることには、大きな意味があります。自分から始めるからこそ、大きな満足感、充実感、達成感を味わうことができ、意欲的に何かをやっていこうとする力につながると考えられるからです。こういった経験の積み重ねが、「生きる力」につながるのです。

　もっとも、（2）のドッジボールは、保育者が全員に声をかけてやってみたという前日の活動があってのことです。保育者が設定したドッジボールという活動を皆でやって、楽しいという思いをしたからこその翌日の姿といえます。保育者は（1）の活動を通してドッジボールというボールゲームの「やり方」を教えて、翌日、子どもたちは自分たちでやってみようとしたわけです。自分たちにとって楽しかったからこそ、翌日またやりたいという気持ちが生まれたのです。ですから、（1）でドッジボールを紹介したこと自体は、子どもたちにとって意味があったといえます。ただし、この（1）の活動そのものを「遊び」と呼ぶには無理があるでしょう。

2 保育において遊びがなぜ重要なのか

2.1 遊びの中で育つ力

　遊びは自分からやるもの、人から強要されてやるものではないと述べてきました（遊びの自発性）。遊びとは、自分から始めて、いろいろ試してみて、おもしろがり、最終的には達成感や楽しいという感情が伴う活動です。保育の中で、このような遊びを大切にする理由について考えてみましょう。

　一言でいってしまうと、遊びは、乳幼児期の子どもにとって大切な学びだからです。子どもたちは単におもしろいから、楽しいから遊んでいるだけなのですが、結果としてそこでは様々な力が育ちます。何かを学ぼうとして自覚的に行動するのではなく、遊びを通して、本人も意識しないところで様々なことを学んでいるのです。小学校以降の授業で教わるのとは、だいぶ違う学び方です。

　例えば、子どもたちは鬼ごっこをよくしますが、「体力をつけるために」するわけではありません。鬼ごっこが楽しいからやるのです。しかし、鬼ごっこの中で子どもなりに試行錯誤しながら動き回るので、結果としては、緩急をつけながら走る、走りながら方向転換をするといった自分の体をコントロールする力がつき、体力がつくでしょう。自分の主張をしたり、作戦会議をしたりする中で、結果として仲間とやりとりする力などもつくでしょう。

　また、砂場で遊ぶ中で、砂を固めたいときは水を適量かける、川のように水を流すには高低差を作るとうまくいくといった体験を通して、ものの性質や仕組みに気がつくでしょう。砂をカップに入れ、プリンのように見立てて並べながら数を数えて、「あと何個足りない」などと数的認識に興味をもつようになったりもします。遊びを通して、心身の育ち、社会性の育ち、知的能力など、様々な面での育ちが見られます。

そして、こればかりではありません。自分からやりたいと思って始め、途中で投げ出さず、いざこざなどを乗り越えて試行錯誤しながら遊びを進めていった先に、「やった！」「おもしろい」「楽しかった」といった達成感・充実感が生まれます。これは、大げさに聞こえるかもしれませんが、自分が世の中に対して力を発揮して生きているという実感です。こういう気持ちの積み重ねの中で、「もっとやりたい」「今度はこうしてみよう」というような、意欲、主体性が育ってきます。さらに、自己肯定感や、自分はやれるんだという自己有能感なども育まれます。遊びを通して、自分で学ぼうとする力、自分で自分を育てていく力が身につくといえます。

これらの力は、今後生きていく上でとても大きなことです。何事も楽しくなります。やらされるから、やらなくてはいけないからやるという気持ち（仕方なくやる）と、おもしろそうだから、楽しそうだからやってみるという気持ちでは、同じことをしていても全く違ってきます。自分から興味関心をもってやることは身につきますが、強制されて仕方なくやったことは後になると忘れてしまいます。できていることは同じに見えても、その子の中に育つものが違うのではないでしょうか。ここでいうような力は、受け身の姿勢ではなく自らの思いで自発的に遊ぶからこそ生まれているのです。

2.2　遊び込むことの大切さ

上記のような力を身につけるには、自分たちで試行錯誤しながらじっくりと遊ぶことが大切です。遊びは様々な力の育ちにつながりますが、「楽しかった」「おもしろかった」という実感が得られるまで遊ばないと、自己肯定感や意欲、主体性などにつながる学びにはなりません。そう考えると、すぐやめてしまったり、遊びが次々に移り変わったりするような遊び方ばかりでは、望ましい姿とはいえないでしょう。遊び込む、遊びに没頭することが重要なのです。皆さんは、夢中になって遊んで、ふと気づくと随分時間が経ってしまっていたという経験はないでしょうか。そういうときは、充実感や達成感、もっとやりたいという気持ちが生まれていたはずです。遊びがある程度持続していかないと、このような姿には至らないでしょう。

2.3　乳幼児期にふさわしい学び

遊びの中での学びは、結果として認知能力（読み書きや計算などの能力）の育ちにつながるという面もありますが、それよりも、非認知能力（目標に向かってがんばる力、他の人とうまく関わる力、感情をコントロールする力など）が育まれるという点が重要です。

幼稚園教育要領、保育所保育指針、幼保連携型認定こども園教育・保育要領では、「育みたい資質・能力」「幼児期の終わりまでに育ってほしい姿」をあげており、保育の中で非認知能力の育ちを重視していることが読み取れます（本書の第1章pp.20-26参照）。こういった力は、子どもが自ら体験を重ねる中で身につけていくもので、遊びの中でいつのまにか学んでいるという姿が、乳幼児期にふさわしい学び方であるからです。

　言葉でいろいろなやりとりをして、頭の中で整理をしながら何かを学ぶという学び方は、7歳頃になると多くの子どもたちができるようになります。そのため、6歳を過ぎてから小学校に入学し、一斉に授業を受けることが成り立っているのです。

3　遊びを通した保育の実践

　教育要領には、次のような記述があります。

> **幼稚園教育要領**
> 　幼児の自発的な活動としての遊びは、心身の調和のとれた発達の基礎を培う重要な学習であることを考慮して、遊びを通しての指導を中心として第2章に示すねらいが総合的に達成されるようにすること。［第1章 総則－第1 幼稚園教育の基本－2］

　幼児教育の基本として、「遊びを通しての指導を中心として」と明記されているわけですが、遊びを通した保育とは、具体的にどのような実践をイメージしたらよいのでしょうか。

3.1　時間の保障

　遊びを通した保育を具体的にイメージしてもらうために、まず、園での一日の時間の流れを見てみましょう。ここでは、筆者が実際に関わったことのある幼稚園のケースを例示します。

表6-1　一日の時間の流れ

A園		B園		C園	
	登園		登園		登園
9:00	遊び	9:00	遊び	9:00	遊び
11:50	集まり	9:30	クラス皆の活動①	10:30	集まり
12:00	昼食	10:10	遊び		クラス皆の活動
	遊び	10:40	クラス皆の活動②	12:00	昼食
13:40	帰りの集まり	11:30	遊び		遊び
	降園	12:00	昼食	13:30	帰りの集まり
			遊び		降園
		13:30	帰りの集まり		
			降園		

出所：筆者作成

演習　A園、B園、C園で、本章の冒頭であげた遊びの4つの特色（①自発性、②自己完結性、③自己報酬性、④自己活動性）は、子どもの姿の中にどのように見いだせるか想像してみましょう。特に③の、遊びの自己報酬性の保障を意識しながら考えてみてください。

発展演習　グループになって意見交換をしてみましょう。

　表6-1ではごく大まかに示しましたが、3つの園での遊びの時間を見てみましょう。まず、A園が遊びの時間を十分保障しているのだろうということが読み取れます。A園では、昼食と集まり以外のほとんどが遊びの時間となっています。遊びの時間の長さという点では最大限に保障されているといえるでしょう。このような傾向の園では皆でする活動があまりなく、園生活は、基本的に園内で遊ぶ時間となっています。

　では、B園とC園はどうでしょう。どちらが「遊びを通した保育」のイメージに近いでしょうか。遊びを通して子どもたちを育てていこうとしているのはどちらの園でしょう。

　実は、遊びの時間を合計してみると、どちらの園も午前中は1時間半で、午後は昼食後から集まりまでなので、一日の合計時間は変わらないのです。クラス皆で行う活動の時間も、一日の合計が1時間半なのでどちらの園も同じです。

B園とC園の違いは、遊びの時間もクラスの活動の時間も、B園は1回1回が短く、C園はそれぞれの時間が長いという点です。

　表6-1はそれぞれの特徴がわかりやすいように簡略化していますが、実際の保育は子どもの実態によって変わるので、厳密に時間を区切れるわけではありません。とはいえ、B園とC園ではずいぶん違います。

　B園では遊びの時間が細切れで、皆で行う活動の合間が、小学校の休み時間のような遊びの時間になっています。活動と活動の合間の時間に、早く終わった子が遊んで待っているというようなかたちです。製作や片付けなど、自分の課題がなかなか終わらない子どもは遊ぶ時間が少なくなるでしょう。このような遊び時間の中で毎日生活していると、子どもたちが遊ぶ姿にどのような影響が出てくるでしょうか。遊び始めても、すぐに切り上げなくてはいけないということがわかっていると、だんだん本気で遊ばなくなる可能性があります。その場その場で、息抜きをする程度に楽しむという姿につながりやすいでしょう。だんだんおもしろくなってきたところで「おしまい」となってしまうと、遊びの中で充実感・達成感を味わうのは難しいかもしれません。その時々の楽しさはあっても、より深い学びにはつながりにくいともいえます。遊びを通した保育というよりも、皆でする活動を通した保育になっているのではないでしょうか。

　対して、C園はどうでしょう。クラス全体の活動の時間もありますが、1時間以上続く比較的長めの遊びの時間が確保されています。遊びの中で試行錯誤しながら、最終的に充実感や達成感を味わえる可能性が十分にあるのではないでしょうか。実際、筆者の関わっている園では、かつてB園のような時間の使い方をしていました。当時は、その時々、その場限りの遊びになりやすい傾向が見られたのです。C園のような方針へ切り替えてから、子どもの遊び方が変わってきたと実感できました[4]。

　合計では同じ長さだとしても、時間の区切り方によって子どもたちの遊びの姿は変わってきますし、そこで経験できること、学べることも違ってきます。保育の中で遊びを大事にするためには、まずは、ある程度連続した時間の保障が求められます。理想は、A園のように遊ぶ時間を最大限確保することでしょう。子どもたちがその時間を充実して過ごすことができれば、最も望ましいかたちだといえます。しかし、実は、時間は十分に保障されていても、充実した遊びにならないことも多いのです。毎日何をして過ごせばいいのかわからない、めあてがもてないようなら、それは子どもにとって意味のある充実した時間とはならないでしょう。保育者は状況によって、遊びの時間のあり方を再検討することが必要なのです。

3.2 どのような遊びの姿が求められているのか

これまで見てきたように、子どもが自らやる活動であれば、それはどんな姿であっても「遊び」と捉えていきます。しかしながら、遊びを通して人を育てるという保育現場では、単純に、「好きに遊んでいるのだからそれでいいのだ」というわけではありません。遊びの内容（質）に目を向ける必要があります。

保育者側から遊びを見たとき、こんな姿になってほしい、こんな経験をしてほしいという思いや願いがあります。ただし、思いや願いをもつというのは、保育者の願いや思いと異なる遊びを妨げたり、願っている姿になるように変えてしまうということではありません。子どもが試行錯誤しながら遊びを持続的に進めていき、その中で充実感や達成感を味わってほしいという思いをもつということです。子どもが自分たちの力でこういう遊び方ができるようになってほしい、と願うという意味です。このような遊びの経験を積み重ねると、意欲ややる気、自己肯定感、有能感といったものが育ち、それが「生きる力」の基礎になります。

例えば、子どもたちはしばしば戦隊ヒーローになりきり、戦いのまねをして園内をあちこち走り回ったりしていますが、遊んでいるうちに実際に手が出てしまってケンカになり、遊びが中断することがあります。園内を走り回ることの繰り返しで、マンネリ化しつまらなくなることもあります。遊び始めてもそれがすぐに崩れてしまい、そのまま終わってしまうのはもったいないことです。中断せずにいろいろと試すことができれば、もっとおもしろい体験が待っているかもしれません。子どもたちが持続的に遊んでいく中で充実感や達成感を得ることができ、「明日も続きをやりたい」という気持ちにつながることが重要なのです。

演　習　子どもたちが戦隊ヒーローになりきって園内を走り回っている遊びが停滞した場合、どのようなきっかけがあれば遊びを継続して楽しむことができるでしょうか。保育者の援助を考えてみましょう。

....
....
....
....

発展演習　グループになって意見交換をしてみましょう。

停滞している遊びを盛り上げたり充実させていくためには、何か新しい要素が必要です。例えば、より複雑な役割や見立てができるとよいでしょう。そのためには言葉

でのやりとりも必要です（「ぼくは○○ね」「じゃあ、おれは○○」「ここは○○するところで、悪の軍団がいるのは○○だよ」など）。

　戦隊ヒーローごっこのイメージをより確かなものにするために、ヒーローや悪役らしい武器や衣裳を作る、基地を作るなどといったことも有効でしょう。あるいは、ヒーローと悪役が対決するという筋書きに則る、ヒーローショーを見せる、といったストーリーが生まれるとおもしろいかもしれません。途中でもめたりしても、最終的におもしろい、楽しいという気持ちがもてると、翌日以降も遊びが続いていきます。遊びが充実して展開した場合、1か月近く続くこともありえます。朝、「昨日の続きをやろう」と思いながら登園するのは、とてもわくわくする、嬉しい体験に違いありません。

　教育要領の「解説」には、次のような記述があります。本章で述べてきたことと照らし合わせながら読んでみてください。

　　幼児は、幼稚園生活の中で様々な環境に触れ、興味や関心をもって関わり、いろいろな遊びを生み出す。この遊びを持続し発展させ、遊び込むことができれば、幼児は楽しさや達成感を味わい、次の活動に取り組んだ際にもやり遂げようとする気持ちをもつようになる。しかし、幼児は、興味や目当てをもって遊びを始めても、途中でうまくいかなくなったり、やり続ける気持ちがなくなって止めてしまったりすることがある。このようなとき、幼児は、信頼する教師に温かく見守られ、支えられていると感じることができ、必要に応じて適切な援助を受けることができれば、諦めずにやり遂げることができる。このような体験を重ねることで、幼児は難しいことでも諦めずにやり遂げようという粘り強く取り組む気持ちをもったり、前向きな見通しをもって自分で解決しようとする気持ちをもったりして、自立心や責任感も育まれていく。[5]

4　遊びにおける保育者の基本的な役割

4.1　「自発的な活動」に対してどう関わるか

　筆者は、学生たちから次のような話を聞くことがあります。

> 高校生のときまでは、子どもたちと一緒に遊んでいてとても楽しい、おもしろいと思っていました。自分の思うままに話して、自分のアイディアで遊びを進めていっても子どもたちはのってきたし、楽しかったし、何も疑問に感じていませんでした。でも、保育の勉強をして、子どもたちが自分たちで進めていくのが遊びだと知ってからは、「今までの自分は、自分のやりたい遊びを子どもたちに押し付けていただけなのではないか」と思っています。それでは、今、保育の勉強をしている者として、子どもたちの遊びに対して何ができるのでしょう？

確かに、遊びの主人公は子どもであって保育者でありません。子どもたちの思いをつぶしてしまわないような関わり方、声のかけ方はどのようなものなのか、子どもたちの遊びが停滞していると感じられたときに、大人がすぐにアイディアを提案してしまっていいのか、提案するとしたらどのようなやり方がいいのか、様々な疑問が浮かんできます。いったい、保育者は、子どもの遊びに対して何ができるのでしょうか。

遊びの主人公は子どもだと考えると、保育者の役割もおのずと決まってきます。子どもを先導して「こうすれば楽しいよ」と教えることではありません。子どもたちがやっていることを支え後ろからついていき、必要があれば助ける、というかたちになるでしょう（保育者はよく「援助者」といわれます）。「言うは易し」ですが、実践は容易ではありません。実践方法の基本については、第7章で扱います。

4.2　遊びは保育者が教えるもの？

「遊びを大切にして保育をするのだから、保育者の役割は子どもに遊びを教えることではないか」と考えたくなりますが、よく検討してみましょう。

そもそも子どもはどのようにしていろいろな遊びを知り、自分でするようになるのでしょう。結論からいうと、遊びは「教える」「教えない」という言い方ができません。なぜなら、自分でやってみて初めて遊びになるからです。教えることができるのは「遊び方」だけです。いくら「遊び方」を知っていても、自分でやってみないと遊びにはなりません。

筆者は、自分が関係している園で、一人の男児がどの遊びにも入らず、自分から何かするわけでもなく、園内をあちこち行き来している様子を見たことがあります。どうしたのだろうと思わず声をかけてしまいました[6]。「何かやらないの？」と聞くと「やらない」と言います。筆者が、「向こうでは○○をやってるね、そっちでは○○やってるよ」と、他の子どもたちの遊びについて話してみたところ、その子は「知ってるよ。○○はこうやってやるの。○○は、こういうのなんだよ」と、いろいろな遊びについて説明してくれました。いろいろな遊び方は知っているのですが、遊ばないのです。「遊び方を知っている」のと、「遊ぶ」のは同じではないのです。そう考えると、「遊びを教える」ことはできません。p.78であげた（1）（2）の例で言うと、保育者がクラス皆に声をかけてドッジボールをしたときは、保育者が「ドッジボールの遊び方」を教えたということです。自分でやってみたいという気持ちは教わるものではなく、自分で感じる・気づくものです。皆が楽しそうにやっているのを見て「やってみたい」と思うかもしれませんが、それは「遊びを教えた」という言い方にはあたらないでしょう。

4.3　生活の中で伝わる遊び、受け継がれる遊び

　では、教える－教わるという関係ではないとしたら、遊びはどのようにして生まれてくるのでしょうか。
　子どもたちは、ごっこ遊びをよくします。例えば、ままごとがあげられます。子どもたちは、なぜままごとをするのでしょうか。ままごとの中のふるまいは、どこで身につけたのでしょうか。それは、主に家庭での生活からでしょう。親が、台所でいろいろな材料を切って、フライパンを振りながら調理している姿を見たとき、それがおもしろそうで魅力的であれば、自分でやってみたくなるでしょう。回転寿司に行って、お寿司がぐるぐる回る様子がおもしろかったり、寿司職人に「中トロっ」と大人が威勢よく頼んでいるのを見て、まねしたくなる子どももいるかもしれません。遊びというのは、おもしろそうだと思ったものを「見てまねる」のです。
　また、昔の子どもたちには異年齢の遊び集団がありました。そして、地域の大人のつながりがあり、地域として子どもたちを見守る目、まなざしがありました。そんな中で、大きい子どもは忙しい親に代わって小さい子どもの面倒を見なければならず、その代わりに子どもたちの世界が保障されていました。赤ちゃんをおんぶした子どももいたし、小さい子から小学校の高学年、中学生くらいまでいる集団もあったでしょう。その中に、遊び方や仲間との関わり方など何でも知っている年長の子ども、いわゆる「ガキ大将」と呼ばれる存在がありました。一方で「みそっかす」「おまめ」な

第6章　子どもの遊びと保育内容

どと呼ばれる、ただついてきているだけの子どもまでいたわけです。

　年長の子どもは、遊ぶときに小さい子どもは面倒だと思いつつも、一緒に過ごしていたのです。それでも、何かと気にかけて、最後は守ってくれるのが年長者でした。

　小さい子どもは、一緒にいるだけで遊びに入れてもらえない場面も多かったようです。そんなときは大きい子どもたちに憧れ、自分も早く一緒に遊びたい、ああなりたいという気持ちをもったでしょう。いきなりガキ大将にはなれなくても、近い年齢の年上の子どものまねならできそうです。遊び方を見て盗んだり、身近な年長者に時々教えてもらったりしながら、遊び方や仲間との関わり方を徐々に覚えていき、気がつくとその集団の中でそれなりに過ごすことができるようになっていきます。月日が経てばやがて役割が入れ替わり、年少者は年長者へ、そして新しい年少者が入ってくることになります。これが繰り返されていました。こうした中で、年長者から年少者へと遊びが受け継がれていました。同じ地域に住み続けていると、親と子どもが同じ遊びを体験することになります。こういったかたちの伝わり方を「伝承」といいます。はないちもんめ、かごめかごめ、おはじき、お手玉など、一般に「伝承遊び」と呼ばれるものは、このようなかたちで昔から伝わってきた遊びなのです。

　しかし、このような遊び集団は、地域のつながりが失われ、子どもの数も減り、遊び場もなくなる中でほとんど失われてしまいました[7]。

4.4　遊びを伝えていくための仕掛けづくり

　では、再び、園生活の中での遊びに焦点を合わせましょう。上記の遊びの生まれ方、伝わり方から、遊びがどうやって広がっていくか、伝わっていくかという仕組みが読み取れたでしょうか。大人に見守られる中で、年長者という憧れの存在がありました。そして、その姿を見てまねて、時々教えてもらいつつ自分で試してみることで、遊びは伝わっていくのです。

つまり、遊びが伝わっていくためには、まねしたくなるようなすてきな対象があって、それを自分もやってみたいと思う気持ちがあり、やってみるための遊具、道具、素材があることが必要です。

　園の中で遊びの世界をつくるということは、こういった「見てまねる」「時々教えてくれる」という、かつての子どもの遊び集団にあった世界を、園の中に擬似的に再生することだともいえます。

　幼稚園を例に考えると、3歳から5歳では年齢の幅が狭いため、子どもたちだけでは十分ではなく、年長者の役割を誰かが担う必要があります。様々な遊び方や仲間との関わり方をよく知っているモデルの存在です。つまり、保育者でしょう。ただ、保育者はガキ大将のように仕切るわけにはいきません。子ども同士が互いに育ち合うような関係をつくり出し、後ろから支えていくことが求められます。

　また、園では、子どもたちが生活の中で興味をもっているような事柄に関係したモノがあること、言い換えれば、「環境」があることが大切です。興味だけがあっても遊びは実現できません。実現させるための環境が必要なのです。そして、子どもたちが魅力を感じられるような、モデルになる生活の行為や遊びの姿があることも大切です。

　こう考えてくると、遊びを通して指導をする保育者の役割は、子どもがまねしたくなるような姿を見せること、子どもがやりたくなるような環境をつくることだと考えられます。続く第7章では、保育者が環境をつくることについて学びます。

注
1）ホイジンガ／高橋英夫訳『ホモ・ルーデンス』中央公論社、1973、p.73
2）小川博久『21世紀の保育原理』同文書院、2005、pp.52-53
3）同上、pp.53-54
4）例えば、大型積み木を積み始めて少し形になったところで皆で体操をする時間になり、後で続きをやるというので残しておいても、なかなか続きを行う姿が見られませんでした。連続した時間が保障されると、当初は何をしていいのかわからないという姿もありましたが、その場限りの遊びが減り遊びが長く続くようになり、目に見えて遊び方が変わりました。
5）文部科学省『幼稚園教育要領解説』フレーベル館、2018、p.171
6）筆者が関わっている園なので、このような幼児の姿は課題があり、何か改善につなげられないかと思い声をかけました。一般的に、園へ見学に行った際は、子どもたちに声をかけずに見るのが原則です。
7）小川博久「第Ⅳ章　遊びの伝承と実態」無藤隆責任編集『新・児童心理学講座11 子どもの遊びと生活』金子書房、1991、pp.167-212参照。

参考文献
ジェームズ・J・ヘックマン／古草秀子訳『幼児教育の経済学』東洋経済新報社、2015
中室牧子『「学力」の経済学』ディスカヴァー・トゥエンティワン、2015

第7章 環境を通して行う保育

日本の保育の基本的な考え方は、「環境を通して行う保育」と呼ばれます。本章では、この考え方について説明し、保育現場でどのように展開されるのかを具体的に解説していきます。

1 乳幼児保育の基本

「環境を通して行う保育」という考え方は、保育所、幼稚園、幼保連携型認定こども園のいずれにも共通しています。保育所保育指針、幼稚園教育要領、幼保連携型認定こども園教育・保育要領で確認してみましょう。

> **保育所保育指針**
> 　保育所は、その目的を達成するために、保育に関する専門性を有する職員が、家庭との緊密な連携の下に、子どもの状況や発達過程を踏まえ、保育所における<u>環境を通して</u>、養護及び教育を一体的に行うことを特性としている。［第1章 総則－1 保育所保育に関する基本原則－（1）保育所の役割－イ］

> **幼稚園教育要領**
> 　幼児期の教育は、生涯にわたる人格形成の基礎を培う重要なものであり、幼稚園教育は、学校教育法に規定する目的及び目標を達成するため、幼児期の特性を踏まえ、<u>環境を通して行う</u>ものであることを基本とする。［第1章 総則－第1 幼稚園教育の基本］

> **幼保連携型認定こども園教育・保育要領**
> 幼保連携型認定こども園における教育及び保育は（中略）乳幼児期全体を通して、その特性及び保護者や地域の実態を踏まえ、<u>環境を通して行う</u>ものであることを基本とし、家庭や地域での生活を含めた園児の生活全体が豊かなものとなるように努めなければならない。［第1章 総則−第1 幼保連携型認定こども園における教育及び保育の基本及び目標等−1 幼保連携型認定こども園における教育及び保育の基本］

　下線部に注目すると、保育所も幼稚園も幼保連携型認定こども園も、「環境を通して」保育を行うということがわかります[1]。

2　環境を通して行う保育

2.1　環境を通して行う保育の定義

　保育所、幼稚園、認定こども園の保育の基本となる「環境を通して行う保育」とは、どのような考え方なのでしょうか。これを理解する上でヒントになる文章を、保育指針、教育要領、教育・保育要領から抜粋してみます。

> **保育所保育指針**
> <u>子どもが自発的・意欲的に関われるような環境を構成し</u>、子どもの主体的な活動や子ども相互の関わりを大切にすること。［第1章 総則−1 保育所保育に関する基本原則−（3）保育の方法−オ］
>
> <u>子ども自らが環境に関わり、自発的に活動し</u>、様々な経験を積んでいくことができるよう配慮すること。［第1章 総則−1 保育所保育に関する基本原則−（4）保育の環境−ア］

> **幼稚園教育要領**
> 幼稚園教育は、<u>幼児が自ら意欲をもって環境と関わる</u>ことによりつくり出される具体的な活動を通して、その目標の達成を図るものである。［第1章 総則−第4 指導計画の作成と幼児理解に基づいた評価−1 指導計画の考え方］

> **幼保連携型認定こども園教育・保育要領**
> 幼保連携型認定こども園における教育及び保育は、<u>園児が自ら意欲をもって環境と関わる</u>ことによりつくり出される具体的な活動を通して、その目標の達成を

図るものである。[第1章 総則-第2 教育及び保育の内容並びに子育ての支援等に関する全体的な計画等-2 指導計画の作成と園児の理解に基づいた評価-(1)指導計画の考え方]

このように並べてみると、「子どもが自発的・意欲的に関われるような」「子ども自らが環境に関わり、自発的に活動し」「幼児が自ら意欲をもって」など、同じような表現が見られます。環境を通して行う保育では、子どもが自発的・意欲的に環境に関わっていくことを重視しているのです。そして、そこから生まれる活動を通して「保育の目標」が達成できるとしています。

まとめると、環境を通して行う保育の考え方とは、保育者が子どもたちの成長にふさわしいと考えて構成した環境に子どもたちが自発的に意欲をもって関わり、具体的な活動を展開していくことを通して子どもたちの成長を図る、ということです。

この考え方に立つと、保育者の役割は、主導権を握って活動を進めるのではなく、環境を構成すること、そして、子どもたちの自発的な活動をうしろから支えていくことだと考えられます。

2.2 環境を通して行う保育と子どもの自発性

環境を通して行う保育の中では、環境を間接的な刺激と捉えています。環境とは、私たちをとりまくあらゆるものを指します。自然、社会といったものから、物、空間、人、そして文化や考え方、時間、雰囲気といった目に見えないものまで様々です。

例えば園内に砂場があったとして、砂場は、「こうしなさい」「こうですよ」などと、子どもたちに直接働きかけてくるわけではありません。子どもたちがやってくるのをじっと待っています。あくまでも間接的な刺激です。子どもが自分から意思をもって関わることで初めて生きてくるのです。その上で、砂場で活動することが、子どもたちにとって意味あるものになるということです(「保育の目標」が達成される、子どもが育つ)。

保育者は環境を用意することはできても、それに関わるかどうかは子どもに任されています。このような実践のかたちが、子どもの自発性や意欲を大切にすることになります。

この見方から考えると、「人」という環境についても特別な捉え方が必要です。一般的に見れば、「人」は言葉を発し自分から行動できるため、直接的・積極的な働きかけができる環境です。しかし、保育の中では、子どものほうから関わっていく相手、間接的な環境として捉え直す必要があります。例えば保育者も、子どもに対して直接的・積極的に何かを提案していくよりも、一つの環境として「いてみる」ということ

です。まずは、子どものほうから保育者という環境へ行動を起こすのを待ってみるのです（具体的には後述します）。

そして、環境を通して行う保育の背景にある子ども観についても理解しておきましょう。環境を通した保育は、「子どもは、自分から周囲に関わろうとする能動的な存在である」ということを想定して行われます。もし、子どもが常に受け身で、ある環境下に置かれたときに何も感じない、反応しない存在だとしたら、環境を通して行う保育自体が成り立ちません。環境を通して行う保育の実践の背景には、子どもは主体的で能動的な存在であるという考え方（子ども観）があるのです。

2.3　遊びと生活を重視する考え方

環境を通して行う保育は、子どもたちが「自ら意欲をもって環境と関わることによりつくり出される具体的な活動」を大切にしていますが、この「具体的な活動」とは何をイメージしたらよいのでしょうか。園生活の一場面を思い浮かべてみましょう。

お昼が近づき、何人かの子どもたちが、給食の置いてあるところ（これが「環境」です）に自ら行き、協力して給食を運んできて、保育室のしかるべきところに置きました。これは、子どもたちが給食という「環境」に関わってつくり出された、具体的な活動です。このような自発的活動（これ自体が保育内容です）を通して、子どもたちに育ってほしいこと（目標）が達成されていくのです。

上記の給食を運ぶ様子を想像すると、子どもたちが自発的に園内の環境に関わっていく姿は、すべて、生活している姿としか言いようがないでしょう。園内での子どもたちは何かしらの園内の環境に必ず関わっています。そう考えると、園生活すべてが具体的な活動ともいえます。子どもたちは園生活における様々な経験（保育内容）を通して、成長しているのです。

第7章　環境を通して行う保育

　さらに、子どもが主体的に環境と関わってつくり出す活動は遊びともいえます。第6章で述べたように、遊びは自主的・主体的な活動です。子どもたちが環境に関わって何かをしている姿は、実は遊びそのものでもあります。例えば、子どもたちが園庭の砂場に行って、そこに置いてあるスコップなどを使って穴を掘ったりバケツで水を流したりしている姿を想像してみてください。これを「環境」という言葉を使って説明すると、園庭にある砂場という「環境」に子どもたちが自ら行き、そこに「環境」としてあったスコップやバケツなどの道具を使い、砂や水、そして友達という「環境」と関わりながら具体的な活動を行っている、ということです。子どもたちの周りのあらゆるものが環境だということがわかってきたでしょうか。

　さて、子どもたちが砂場で活動している姿を一言で表現するとき、何と言うでしょうか。まさに「砂場で遊んでいる」と言うのではないでしょうか。子どもたちが周りの「環境」に自ら関わっている姿の大部分は「遊び」といってもよいでしょう。

　ここで、前掲した引用文をもう一度見てみましょう。「幼稚園教育は、<u>幼児が自ら意欲をもって環境と関わることによりつくり出される具体的な活動</u>を通して、その目標の達成を図るものである」。この下線部は遊びでもありますから、下線部を「遊び」に置き換えてみると、「幼稚園教育は、遊びを通して、その目標の達成を図るものである」となります。環境を通して行う保育とは、遊びを通して行う保育でもあるのです。続いて、以下の（1）（2）を読んでみてください。

（1）5歳児のヨウヘイくん、タツヤくん、ハルヒコくんは仲良しです。とても活発で、探検だと言っては園内の様々なところへ出かけていきます。ブランコに乗り、砂場へ行って他の子の遊びに混ぜてもらい、次は鬼ごっこだと言って3人で追いかけっこをしています。遊びはどんどん変わっていきます。3人で一緒にいるときもありますが、それぞれが始めた遊びがおもしろいと、バラバラに分かれて遊びます。そして、しばらくするとまた合流して一緒に動き出したりします。3人は園の様々な環境に関わりながら、あちこち走り回り、毎日元気に過ごしています。

（2）5歳児のカズヒロくん、ヒロトくん、シンゴくんはよく一緒に遊んでいます。室内で大型積み木を使って遊ぶことが多く、大きな基地を作ったりします。最近は、大型積み木で作った建物をお化け屋敷だと言って、紙に描いたお化けの絵を天井からぶら下げたり、様々な飾りをつけたりと工夫しています。3人は遊び方を巡ってケンカも多く、保育者が仲裁に入ることもしばしばですが、最後は仲直りをしてまた3人で一緒に過ごしています。特に遊びが盛り上がった日は、降園時に「明日も続きをやるんだ」と言い、翌朝も登園してすぐに遊びを続けています。一緒に遊ぶ人数はまだ少ないのですが、毎日楽しく過ごしています。

　皆さんは、どう感じましたか。（1）の子どもたちは、自らいろいろな環境に関わっているという点で、望ましい姿のようにも見えます。しかし、環境にじっくりと関わって遊びを展開しているのは、（2）の子どもたちのほうではないでしょうか。

　（1）の子どもたちは、遊びの中でやりたいことがまだはっきりしていないようで、おもしろそうなところを出たり入ったりしています。多くの友達を関わることはできていますが、遊びはなかなか持続せず、その場限りの楽しみになっているようです。ここからは、「明日もやろう」「やっておもしろかった」というような達成感・充実感は生まれにくいでしょう。

　一方、（2）の子どもたちは、ぶつかり合いながらも、同じ場所で同じ仲間と同じ遊びにじっくり取り組んでいます。達成感や充実感を味わっているからこそ「明日もやりたい」という気持ちが生まれているのです。遊びは、そこで達成感や充実感が得られるまで持続しないと成長にはつながりにくいと考えられます。次から次へと様々な環境に関わっていくことが、環境を通して行う保育が実現できている姿だとはいえないのです。保育指針や教育要領などの「解説」にも、「この遊びを持続し発展させ、遊び込むことができれば、子どもは楽しさや達成感を味わい、次の活動に取り組んだ際にもやり遂げようとする気持ちをもつようになる」[2]という記述があります。

　ここで述べたことは、第6章で説明した「遊びを通した保育」で目指す子どもの姿と共通しています。

2.4 環境を通して行う保育が目指すもの

　環境を通して行う保育とは、遊びを通した保育を、別の観点から述べているともいえます。環境を通して行う保育で育まれるものは、第6章の2で述べた、遊びの中で育つ力と同様です。教育要領、保育指針、教育・保育要領では、「育みたい資質・能力」「幼児期の終わりまでに育ってほしい姿」という項目や、「ねらい」「内容」の項目などに示されています。子どもたちに経験してほしい、育ってほしい様々な心情、意欲、態度などがあげられています。

　ここに記述されている事柄は、小学校以降の学びの基礎、そして生きる力の基礎となるものです。小学校以降の学びのように「○○ができるようになる、理解する」というよりも、「○○したい」「○○が楽しい」「○○がおもしろい、またやってみたい」といった気持ちを育てることを目指しているのです。例えば小学校学習指導要領の「音楽」の内容には、「自分の歌声及び発音に気を付けて歌う技能」などがありますが、幼児期には、歌うのが楽しい、皆で声を合わせて歌うと気持ちがいいというような気持ちを育てることが重要です。このような気持ちがないまま、小学校以降の授業で技術面の上達を目指すことは難しいでしょう。

　保育の中でこのような「気持ち」を育てるなら、どのような学び方がふさわしいでしょうか。言葉でのやりとりを中心にするよりも、様々な感覚を働かせながら体験して学ぶほうが、その子の中に深くしみ込むでしょう。乳幼児期は言葉の発達も十分ではないため、人から言葉で教わるよりも自分で体験して学ぶほうがより大きな意味をもちます。子ども自ら環境に関わり、様々な活動を行う中で多様な体験をしていろいろな気持ちを味わい、様々な資質・能力が育まれるという学び方、つまり、環境を通して行う保育が乳幼児期にはふさわしいのです。

3 「環境を通して」という学びと保育者

3.1 「環境を通して」という学びの方法

　小学校以降の学校生活では、授業での学びが中心になります。教科ごとの授業時間が決まっていて、「教える人（教師）」と「教わる人（生徒）」という関係の中で、検定済みの教科書を用いて学びます。授業は国語や算数などの教科に分かれていて、易しいものから難しいものへと順番に教材が用意されます。子どもたちがその内容に関心がない場合でも一斉に教えていきます。もちろん、教師は子どもたちの興味・関心を引き出す工夫をしますが、一人一人に合わせて学習内容の順番を変えることはできないでしょう。その結果、学ぶ姿勢は受け身になりがちです。

園生活での学びは、小学校以降の授業の学びとはずいぶん異なります。園では、環境に主体的に関わることによって起きる様々な出来事を通して子どもたちを育てていきます。教科ごとの授業のように学ぶのではなく、遊びを含めた生活全体を通して総合的に学んでいます。そのような場で求められる保育者の役割は、園生活の中で子どもたちにとって意味ある出来事が起きたときに、その都度、子どもたちが自分たちで気づけるように援助していくことなのです。

　乳幼児期と小学校以上の教育では、人を育てる方法（教育の方法）が異なります。ここでは詳述しませんが、乳幼児期の方法はルソー、フレーベルから受け継がれた考え方です。教育原理、保育原理の授業で学んだことも振り返っておいてください。

3.2　環境を通して行う保育と保育者の役割

　子どもたちが自発的に環境に関わり、そこで生まれる活動を大切にするなら、保育者の役割はその活動を支えていくという「裏方」のようなものになります（「援助者」と呼ばれます）。そのような「裏方」の役割で最も大切なのは、環境をつくるということです。

　環境をつくることが、保育現場でのあらゆる実践の基盤になります。本書全体で、保育内容は子どもたちの生活や遊びであると繰り返し述べていますが、園内で子どもたちの成長にふさわしい生活や遊びが実現できるのは、そのための適切な環境がつくられているからなのです。

4　環境を通して行う保育の具体的な展開

4.1　環境の重要性

　環境を通して行う保育は、子どもたちの、環境への自発的な関わりから生まれる活動を大切にしています。そのためには、園の環境がどのようになっているか、ということが最も重要です。例えば保育室に遊具が一つもなかったら、子どもたちの遊びの幅は狭くなるでしょう。園庭にブランコや滑り台といった固定遊具や砂場などがなく、運動場のようになっていたら、どんな遊びができるでしょうか。これも限られてくるでしょう。園の環境のありようが、子どもたちの遊びや生活に（言い換えれば保育内容に）、とても大きく影響するのです。

　では、園の環境はそもそも誰がつくっているのでしょうか。園の創設者や園長、保育者の姿などが思い浮かぶでしょう。子どもたちを育てる立場の大人が、はじめの環境をつくっているのです。そして、そこへ子どもたちが関わっていくことで、環境は

生きたもの、意味あるものになっていくのです。子どもたちが自ら関わりたくなるような環境をどうつくり出すかが、保育者にとって重要な課題です。保育指針と教育要領は、保育の環境について次のように述べています（教育・保育要領には、教育要領と同様の記述があります）。

> **保育所保育指針**
> 保育の環境には、保育士等や子どもなどの人的環境、施設や遊具などの物的環境、更には自然や社会の事象などがある。保育所は、こうした人、物、場などの環境が相互に関連し合い、子どもの生活が豊かなものとなるよう、次の事項に留意しつつ、計画的に環境を構成し、工夫して保育しなければならない。［第1章 総則－1 保育所保育に関する基本原則－（4）保育の環境］

> **幼稚園教育要領**
> 教師は、幼児の主体的な活動が確保されるよう幼児一人一人の行動の理解と予想に基づき、計画的に環境を構成しなければならない。［第1章 総則－第1 幼稚園教育の基本］

下線で示したとおり、保育者が計画的に環境を構成する必要性が述べられています。求められる環境は、「子どもの生活が豊かなもの」となり、「主体的な活動が確保される」ものです。ということは、子どもたちの興味・関心を呼び起こし、関わりたくなるような魅力的な環境を考え、つくり出す必要があります。以下、保育者が環境をつくるときに必要な視点や考え方を見ていきます。

4.2 園内の環境を捉える視点

保育指針からの引用をもう一度見てみると、「保育の環境には、保育士等や子どもなどの人的環境、施設や遊具などの物的環境、更には自然や社会の事象などがある」とあります。これらのうち、子どもたちを直接とりまく園内の環境は、物的環境と人的環境だと整理しておきましょう。園内の自然物も、ここでは便宜的に物的環境の中に含まれるものとします。

保育の環境を理解するにあたって、第6章の4で学んだ、遊びの中での保育者の基本的な役割を思い出してみましょう。子どもがまねしたくなるような姿を見せること、子どもが自分でやってみたくなるような環境をつくること、と説明しました。前者は人的環境、後者は物的環境に関わる事柄だと捉えることができます[3]。

4.2.1　物的環境の構成

　園内の物的環境を大きく捉えると、まず、園舎・園庭があげられます。そして園庭に目を向けると、植物、固定遊具、築山、砂場、飼育している生き物、植物に引き寄せられてやってくる虫など、様々なものがあります。園舎自体も環境ですが、その中にある保育室、トイレ、流し、職員室といった設備から、遊具、道具、素材、絵本、机、椅子、楽器など、こちらも様々なものがあります。

　これらの物的環境は、保育者が子どもたちにとってよかれと考えて用意したもので、園という施設における保育の基盤になります。園舎・園庭は、その園で長い年月をかけてつくられてきた環境なので、一保育者の考えだけでは変えにくい部分が多くあります。一方、保育室や遊戯室といった室内空間に対しては、保育者が様々な工夫をして変えることができるでしょう。その工夫によって、子どもたちの生活の仕方、遊び方も変わってくるのです。

a. 園舎

　小学校の校舎の場合、建物内に廊下があり、教室が並び、どの教室にも椅子と机と黒板などがあります。では園舎はどうかというと、多くの場合、園内のあらゆるもの、例えば便器や流し台、ロッカーなどが、子どもが自分で使いやすいようにデザインされています。しかし、建物の構造はどうでしょう。小学校と同様のつくりで、規模が異なるだけという園も多いのではないでしょうか。

　実は、小学校に近いつくりの園舎は、決して保育に適しているとはいえないのです。小学校は主に授業を受ける場で、園は生活し遊ぶ場です。園舎は本来、小学校とは違う考え方でできていてもよいはずです。園は、子どもたちが初めて出会う集団生活の場ですから、家庭的な雰囲気の空間、子どもたちが行きたくなるような多様な空間が、もっとあってもよいのです。

　園舎の設計方針は、園の創設者によることが多いでしょう。「このような保育をしたいから、それにふさわしい園舎を建てる」というのが本来のあり方です。しかし、園舎が常に子どもの遊びや生活の場としてふさわしい環境になっているとは限らないのが現実です。保育者は、自分が保育を行う園の園舎はどのような考え方で建てられたのか、自分たちが目指す保育を実践していく上で使いやすい空間となっているのか、という視点をもつ必要があります。もし使いにくいと感じるなら、それをどう使いこなして変えていくか考え実践することが、保育者の大切な役割です。園舎の構造は変えられなくても、室内の使い方を工夫することはできます。そのような工夫の積み重ねによって、子どもの姿が変わってきます。

b. 園庭

　園庭には多くの植物が育ち、ブランコ、すべり台、鉄棒、登り棒といった固定遊具が配置されています。これらも、園の創設者が長い目で考えて用意したものです。また、多くの園では、園庭の中央部が広く開いていて、周囲に固定遊具があるでしょう。小学校の校庭に近いつくりです。

　小学校の校庭の主な用途は、体育や部活動で様々な運動を行うことです。そのために、中央に広い空間が必要なのです。では、園庭も同様のつくりでよいのでしょうか。園庭は遊ぶ場だと考えると、もっと多様な空間でもよいでしょう。例えば実のなる木や、木登りにちょうどよい木があれば、その環境によって子どもたちの姿が変わってきます。大きな畑があれば、それも子どもたちにとって魅力的な環境でしょう。園庭を雑木林のようにしている園もあります。あえて、砂場を園庭の真ん中に作っている園もあります。「園庭の真ん中に砂場をつくったら、運動会ができなくなる」という声もあるでしょう。確かにそうですが、その園が日々の遊びを大切にするのか、年に一度の行事として運動会を大切にするのか、という視点からも考えてみてください。

　園庭が子どもたちにとってどんな場になっているか、遊びやすい空間になっているか、つまり「子どもが生活し遊ぶ環境としてふさわしいか」を見ていく視点が、保育者には不可欠なのです。視点を明確にするためには、例えば、園庭のどの場所で子どもたちがどんな遊びを繰り広げることが多いか、園庭のどこにある植物を使ってどんな遊びをするかというような、いわば「遊びの地図」をつくってみることが有効です。

明徳土気保育園（千葉市）

c. 保育室

　保育室内の環境をどう構成するかということは、基本的にはその部屋を使う保育者に任されています。各保育室に同じ素材・道具・遊具などがあるとしても、その出し方、置き方で部屋の様子は大きく変わります。机や椅子が整然と並び、壁沿いの棚やロッカーに遊具類が整然としまわれている保育室（図7-1）と、子どもたちの手がすぐ届くところに遊具類が置かれている保育室（図7-2）では、そこで生まれる遊びが全く異なるでしょう。

　図7-1のような保育室は、この部屋はどんな場所だと語っているでしょうか。「この部屋は、椅子に座って皆で同じ活動をする場所です。遊ぶ場所ではありません」と語っているように見えませんか。

　一方、図7-2のような保育室は、子どもたちに「これらのものを好きなように使って遊ぶといいよ」と、間接的に訴えかけていると思いませんか。

　環境が発するメッセージは、環境のあり方によって変わってきます。「保育室という場をこんなふうに使ってほしい」という保育者の思いが、その部屋の環境のあり方に現れるのです。

図7-1
出所：筆者作成

図7-2

　保育室の環境を構成する際は、以下のような点に注意が必要です。
・素材や遊具などがあるのかないのか。それらがどこに置かれているか（子どもが自分で使えるところにあるか、それとも、保育者に逐一声をかけて準備してもらわなければいけないところにあるか）。
・素材や遊具などを使って遊ぶ場が用意されているかいないか。
・素材や遊具などがどのような空間に置かれているか（オープンスペースか、三方を囲われたような空間か、人の通り道と重なっていないか）。

積み木を例に考えてみましょう。積み木がなければ、当然、積み木遊びは起きませんが、積み木があったとしても、子どもがすぐに見つけて使える場所にあるのと、ロッカーにしまってあるのとでは違います。前者の環境は、間接的に、それを使って遊ぶといいよと誘っています。後者の環境では、子どもは積み木を意識しないでしょう。使った経験のある子がまた積み木で遊びたいと思っても、保育者に声をかけないと積み木を使うことができません。また、積み木が人の通り道になるような場所にあるのか、コーナーとして囲われた空間にあるのかどうかで、遊びの持続が変わってきます。後者のほうが落ち着いて積み木遊びに取り組めるでしょう。保育者はこのような点を丁寧に考慮して、遊具の置き方を考えていきます。

環境を利用する、環境にメッセージを語ってもらうという考え方は、保育室に限らず、様々な物的環境を構成していくときに役立ちます。

> **演 習** 約180人の園児が通う幼稚園で、ブランコが2台の園と、ブランコが6台の園があったとします。この環境の違いが子どもたちの遊びの姿にどのような違いをもたらすでしょうか。環境は、保育者がその場をどのように使ってほしいかという思いの表れだということを思い出して、考えてみてください。
> ....
> ....
> ....
> ....
>
> **発展演習** グループになって意見交換をしてみましょう。

4.2.2 人的環境としてはたらく

さて、保育環境のうち、もう一つの大きな要素は人的環境です。子どもが園で出会う人的環境としては、保育者、職員、園外から来た人、そして仲間（年長・年少・同年齢）があります。

a. 安心できる環境としての保育者

人的環境としての保育者の最初の役割は、子どもたちにとって安心できる対象、情緒的安定をもたらす環境であることです。子どもたちは入園をきっかけに、情緒的なよりどころとしてきた保護者・養育者から離れた生活を初めて経験します。保護者から離れて園で自分を発揮するには、園に慣れて、気持ちのよりどころとなる対象をもつことが大切です。保育者は、子どもが「この人がいるから安心」と感じられるような関係を、一人一人とつくっていく必要があります。この関係が基盤になければ、子どもは自ら環境に関わって動き出すことはできません。環境を通して行う保育を実践していく上での大前提でもあります。

b. 見てまねる対象（モデル）としての保育者・仲間

ここでは、直接指示したり教えたりする保育者ではなく、「環境」として間接的に子どもに働きかける保育者をイメージしてみましょう。

子どもにとって気持ちのよりどころとなった保育者は、子どもが憧れ、まねしたくなる対象になります。生活の中で保育者が行うことの一つ一つが、子どもたちにとって、同じ場面での行動の見本（モデル）になるということです。また、子どもたちに対する保育者の関わり方や態度なども、子どもたちはよく見ていてまねします。人に対する保育者の接し方が、保育者自身も意識しないうちに、子どもたちが仲間に接するときの行動に反映されてしまうのです。保育者のその人となりが保育に出てしまう、こればかりは取り繕うことができません。自らの振る舞いを省みていく必要があるでしょう。保育指針、教育要領、教育・保育要領のそれぞれの「解説」にも、人的環境としての保育者の意味が述べられていますので調べてみてください。

さて、保育者や園にいる大人ばかりが人的環境ではありません。子どもたちの仲間、つまり子どもたち同士も互いにモデルになります。おもしろそうな遊びをしている子どもがいれば、それをまねして自分でやってみようとする子どもが現れるでしょう。

保育者が教えなくても遊び方が伝わっていく可能性があります。また、保育者が、子どものある行動をすてきだと思ったときにそれを認めていくと、周りの子どもたちも意識するようになるかもしれません。子ども同士が互いをよく見て、意識し合える

c. モデルとしての行動を意識的にとる

　保育者の行動が子どもたちのモデルになっているということは、言い換えると、子どもたちに伝えたい行動をモデルとして示せば、間接的に伝えていけるということです。この伝え方の特徴は、子どもに行動を直接強いるのではなく、間接的なメッセージとして伝えるというところです。つまり、選択の余地が子どもの側にあるということです。子どものほうに興味・関心があれば、保育者のモデル行動は取り入れられていきます。

　例えば、保育者が整えた物的環境に子どもたちが興味を示さなかったときには、保育者が自らその物的環境に関わる、使っている姿を見せていくという方法があります。つい、言葉で「これやってみたい？」「あれやってみようか」などと言いたくなるところですが、人的環境として、モデルとして意識的に動くというのも大切な援助の方法です。その行動をつかみ、やってみるかどうかは子どもの選択になり、子どもの主体性をより大切にすることになるからです。

　ここまで、物的環境と人的環境に分けて考えてきましたが、最終的には、楽しそうに環境に関わる姿、遊んでいる姿が最も魅力的に見え、自分もやってみたいという気持ちを誘発するということです。子どもたちが興味をもちそうな物を、その物を使って遊びたくなるような場に用意し、子どもがそれを使って楽しく遊んでいる姿を見せること、その姿が生まれない場合は保育者自らがモデルとなって使っている姿を見せていくのです。

　それでは、具体例を考えてみましょう。例えば、今までドッジボールをやったことがない子どもたちは、どのような環境ならドッジボールに興味をもつと思いますか。

　第6章のp.78であげたドッジボールの例も思い出してみましょう。子どもたち全員に対して、保育者がドッジボールのやり方を説明していましたが、この方法は、小学校以降の学校の授業の形式に近いでしょう。それでは、環境を通してドッジボールへの関心を引き出すにはどうしたらいいでしょうか。具体例をいくつかあげてみます。

（1）子どもたちが登園する前に、園庭にドッジボールのコートの線を引き、近くにボールの入ったカゴを置いておいた。コートの線に気づいた子どもたちが保育者に声をかけてきて、一緒にドッジボールをやってみることになった。

（2）年長クラスの子どもたちがドッジボールをやっている。その近くで、年中クラ

スの担任保育者がドッジボールを見ていると、クラスの子どもたちがやってきて「先生、何してるの？」と聞いてきた。保育者は、「○○組さんがドッジボールをやっているから見てるんだ、かっこいいね」と言って、また見続けていた。すると何人かの子どもたちが保育者のそばで、同じようにドッジボールを見始めた。そのうちに、さらに多くの子どもが集まってきた。しばらくして、「私もやってみたい」という声が子どもからあがり、そこにいた子どもたちと保育者とでドッジボールをやってみることになった。

（3）保育者がボールを持ってきて子どものほうへ投げると、子どもが投げ返してきた。そこでまた投げると、投げ返してくる。そんなやりとりをしばらく続けていると、別の子どもがやってきて、「何してるの？ ドッジボールみたい」と言ってきた。「ボールの投げっこしているの」と返すと、「ならドッジボールやろうよ」とその子が言い、皆でドッジボールをやることになった。

　どうでしょうか。保育者のほうから直接言葉で「ドッジボールをやろう」と誘っているわけではありません。（1）の例は、ドッジボールのできる環境を用意することで誘っています。（2）の例は、保育者がドッジボールを見ている姿で誘っています。（3）は、ボールと関わる姿を見せていくことで子どもの興味を引き出しています。間接的な誘い方になっています。
　ただし、第6章で示したような伝え方（クラス全員を集めて直接伝える）がいけないというわけではありません。子どもたち皆が興味をもっていそうなときは、クラスの活動として伝えていくことも考えられるでしょう。

演　　習	新年を迎えて、日本の伝承遊びであるコマ回しを子どもたちに経験してほしいと考えた場合、保育者としてどのように伝えたらよいでしょうか。環境を通して伝える方法を考えてみましょう。

....
....
....

発展演習	グループになって意見交換をしてみましょう。

5 保育環境を意識的に捉えること

　園内の環境を意識的に捉えることから、環境を通して行う保育のための環境づくりが始まります。

　環境とは、一筋縄ではいかないものです。保育者が計画的に考えて構成しようと、そのときの気分次第で構成しようと、子どもたちにとっては等しく関わっていく対象です。保育者側が配慮したことも、配慮できていないことも環境として子どもたちに影響を与えていくのです。配慮したことがよい影響をもたらすこともありますし、結果的に意味をなさないこともあります。特に配慮をしていなかった部分が、子どもにとって大きな意味をもつこともあります。ある園でのエピソードを紹介しましょう。

事例7-1　意図した環境、偶然の環境、子どもにとっての環境

　この園では、子どもたちの遊び場として、よかれと考えて1m程度の高さの小山を用意しました。しかし、子どもたちは登ったり下りたりはするもののすぐにやめてしまい、それ以上関わる姿が見られません。そのうちに、ほとんど誰も使わなくなってしまいました。

　一方で、雨が降って園庭に水が流れた結果、偶然できてしまったくぼみと水路のようなところでは、子どもたちがさらに穴を掘ったり水を流したりと、主体的に遊びを進めていく姿がよく見られます。雨が降った翌日にはそこで遊ぶことを期待して長靴を履いてくる子までいます。子どもたちが雨上がりにそこで遊ぶと園庭ででこぼこになり、どんどん荒れてしまうので、保育者は「そこで遊ばないよ」と声をかけますが、子どもたちはその場を好んで遊びを展開しています。

　この事例では、保育者側の願いとは逆のことが起きています。残念ながら小山は生きた環境にはなっていないようです。子どもたちにとって魅力的な環境は、保育者が用意した小山ではなく、偶然できたくぼみと水路のようになったところなのです。すべての環境が子どもたちに対して等しく影響力をもっているとは、考えてみるととても怖いことでもあります。

　もっとも、現実的には、保育者が園内環境のすべてをコントロールできるわけではありません。ただ、偶然の産物であっても、その環境が子どもたちにとってどんな意味をもっているのか、育ちを促すものなのかを考える視点を常にもっていてください。そのように意識することによって、偶然生まれた環境が、保育に生かせる、保育者が意識的に考えている環境へと変わります。そして、保育者として環境を構成する力の

向上にもつながっていきます。園内の環境を、実際の子どもの姿と対応させながら意識的に捉え直していくことはとても重要なのです。

注
1）幼稚園の場合、教育要領では「幼児期の教育は（中略）環境を通して行うものであることを基本とする」とあるので、「環境を通した教育」ということになりますが、ここでは、「教育」も「保育」も子どもをよくすることに関わる働きかけであり、あえて区別はせず「環境を通して行う保育」という言い方に統一します。
2）厚生労働省『保育所保育指針解説』フレーベル館、2018、p.208
　　文部科学省『幼稚園教育要領解説』フレーベル館、2018、p.171
　　内閣府・文部科学省・厚生労働省『幼保連携型認定こども園教育・保育要領解説』フレーベル館、2018、p.243
3）最終的には、人的環境と物的環境、その他様々な要素があわさって状況が生まれます。そのような状況をつくり出すことが、環境をつくるということです。ただし、ここでは基本的な内容として、人的環境・物的環境を説明しています。

第8章 保育における「領域」①
―― 保育の「ねらい」と「内容」

1 保育内容とは

1.1 遊び、生活を通して子どもが体験していること

　保育所や幼稚園、認定こども園などでは、子どもたち自身の意欲や興味関心に基づいた遊び、生活を大切にしています。子どもがどのようなことに意欲や興味関心をもち、どのように行動するかは一人一人異なりますから、遊び、生活を通してどのようなことを体験し、経験として身につけ、どのように育っていくかということも、一人一人異なるのです[1]。

　まず、子どもが遊び、生活を通して体験していることに目を向けてみましょう。

演習 子どもが園で遊び、生活する姿を言葉や絵などで表現してみてください。

以下は、Aさん、Bさん、Cさんが思い浮かべて言葉に表した、園での子どもたちの様子です。

Aさん：4歳の子どもたち6、7人が園庭で鬼ごっこをしています。保育者も一緒に遊んでいます。歓声を上げて友達を追いかけたり、逃げたりと楽しそうに走り回っています。
Bさん：3歳の子どもたちが皆で昼食を食べています。「おいしいね」などと友達と話をしながら嬉しそうに食事をしています。苦手なものがあると困った顔で保育者に伝えている子もいます。
Cさん：0歳の子どもがぽっとん落としで遊んでいます。チェーンリングを何度も穴に落として喜んでいます。保育者が近くにいて、やさしく見守っています。

　3人があげた3つの場面には、「鬼ごっこをしている」「昼食を食べている」「ぽっとん落としをしている」という<u>何をしているか</u>と、「楽しそう、嬉しそうだ」「困っている」「喜んでいる」という<u>どんな心情か</u>が表現されています。皆さんも、本章冒頭の演習に記した子どもの様子の、<u>何をしているか／どんな心情か</u>を見返してみてください。
　さらに、それぞれの場面で子どもが<u>何を体験しているか</u>について考えてみましょう。子どもの育ちを読み取ったり、支えたりするためには、この、<u>何を体験しているか</u>という視点が必要です。
　<u>何をしているか</u>と、<u>何を体験しているか</u>の違いが少しわかりにくいと感じるかもしれません。Aさんの表現した場面を例に、子どもは何を体験しているのだろう？と考えてみましょう。「追いかけ合うというよりも、友達と顔を見合わせて体を動かすことを楽しんでいるのかな」「全力で走る心地よさを感じているようだ」「追いかけられてタッチされるかどうかのスリルを楽しんでいるな」「友達についていくことに必死なのかな」など、鬼ごっこを通して、様々な体験の可能性があることが考えられます。そして、同じ鬼ごっこを一緒にしていても、一人一人が体験している内容は異なっているかもしれない、ということにも気づくでしょう。皆さんがはじめに思い描いた子どもの様子には、どのような体験の可能性があるでしょうか。

1.2　子どもの体験と保育内容

　園で子どもたちが遊び、生活する姿は、「保育内容」と言い換えることもできます。保育内容とは、園での子どもたちの遊びや生活すべてを指します。「保育内容」につ

第8章　保育における「領域」①

いて保育指針にはどのように記述されているのか、確認してみましょう。

> **保育所保育指針**
> この章に示す「ねらい」は、第1章の1の（2）に示された保育の目標をより具体化したものであり、子どもが保育所において、安定した生活を送り、充実した活動ができるように、保育を通じて育みたい資質・能力を、子どもの生活する姿から捉えたものである。また、「内容」は、「ねらい」を達成するために、子どもの生活やその状況に応じて保育士等が適切に行う事項と、保育士等が援助して子どもが環境に関わって経験する事項を示したものである。［第2章 保育の内容］

「保育内容」とは、保育者が保育の目標に示されるような子どもの育ちを願って行う日々の保育の中で、「子どもが環境に関わって経験する事項」だとされています。つまり、子どもが何の活動をしたかということよりも、何を経験したかに焦点を合わせていることがわかります。保育内容とは、子どもが経験すること、また経験の基となる、日々の子どもの体験を指しているのです。

続いて、幼稚園教育要領、幼保連携型認定こども園教育・保育要領における記述を確認していきます。

> **幼稚園教育要領**
> この章に示すねらいは、幼稚園教育において育みたい資質・能力を幼児の生活する姿から捉えたものであり、内容は、ねらいを達成するために指導する事項である。［第2章 ねらい及び内容］

> **幼保連携型認定こども園教育・保育要領**
> この章に示すねらいは、幼保連携型認定こども園の教育及び保育において育みたい資質・能力を園児の生活する姿から捉えたものであり、内容は、ねらいを達成するために指導する事項である。［第2章 ねらい及び内容並びに配慮事項］

どちらも、「内容」は、「指導する事項」であるとしています。「指導」と聞くと、子どもが体験していることというよりも、保育者が主導して教えようとしていること、という印象をもつ人も多いでしょう。そのため印象どおり読むと、保育内容とは子どもが日々の生活の中で体験し、経験していることであるという、保育指針から読み取った主旨と異なるように感じるかもしれません。

111

しかし、保育者はどのように子どもを指導しようとしているのかをよく考えてみてください。第7章で見てきたように、保育者は、子どもが自ら環境に関わり遊びや生活をつくり出していけるよう、環境を通して働きかけています。つまり、保育者の指導とは、子どもが充実して遊び、生活できるようにすること、といえます。「指導する事項」が、子どもが遊び生活することだとすれば、教育要領及び教育・保育要領においても、保育内容とは子どもが遊び生活する中で経験することだと理解できるのです。

1.3　子どもの体験・経験内容を捉える目としての視点：領域

　保育内容とは子どもが遊びや生活の中で体験し、経験していく内容であると確認してきました。園生活の中で子どもが体験する内容は実に多様で、すべてを把握することはできません。しかし、前述したように、子どもが何を体験しているのかを捉えることは、保育者として、子どもの育ちを把握理解し支えていくために必要です。そこで、子どもが体験・経験を積み重ねていく保育内容を保育者としてしっかりと捉えるために、保育指針や教育要領などには視点や領域というものが示されています。ここでは、幼保連携型認定こども園教育・保育要領で確認していきます。

> **幼保連携型認定こども園教育・保育要領**
> 各視点や領域は、この時期の発達の特徴を踏まえ、教育及び保育のねらい及び内容を乳幼児の発達の側面から、乳児は3つの視点として、幼児は5つの領域としてまとめ、示したものである。［第2章 ねらい及び内容並びに配慮事項］

　ここに書かれた「3つの視点」と「5つの領域」は、保育指針、教育要領にも共通しています（教育要領では3歳以上児の領域のみ）。
　乳児の保育内容を捉える「3つの視点」は、保育指針及び教育・保育要領に、以下のように示されています。
・身体的発達に関する視点「健やかに伸び伸びと育つ」
・社会的発達に関する視点「身近な人と気持ちが通じ合う」
・精神的発達に関する視点「身近なものと関わり感性が育つ」

幼児の保育内容を捉える「５つの領域」は、保育指針、教育要領、教育・保育要領のいずれにも共通して以下のように示されています。
・心身の健康に関する領域「健康」
・人との関わりに関する領域「人間関係」
・身近な環境との関わりに関する領域「環境」
・言葉の獲得に関する領域「言葉」
・感性と表現に関する領域「表現」

　なお、２歳までの子どもと３歳以上の子どもでは、発達の特徴に大きな違いがあることから、保育指針、教育・保育要領では、１歳以上３歳未満のねらい及び内容と、３歳以上のねらい及び内容がそれぞれ示されています。
　このように、保育内容である子どもの体験・経験内容を、子どもの発達という切り口から乳児は「３つの視点」、１歳以上児は「５つの領域」としてまとめて、保育者が保育内容を捉える際の手がかりとしているのです。
　「健康」「人間関係」「環境」「言葉」「表現」と名付けられた「領域」が５つ示されていると、小学校以上の教科や時間割が思い浮かぶかもしれませんが、園では子どもの自発的な遊びや生活を通して保育を行っていますので、時間割などはありません。そのため、領域で括られた活動や体験があるのではなく、子どもの遊びと遊びに伴う様々な体験が先にあり、これを捉える視点が「３つの視点」や「５つの領域」であることを再確認しておきたいと思います。
　先ほど演習で考えてみた様々な体験の可能性を、領域の視点から見直してみましょう。「この体験は、人との関わりに関するような体験といえそうだ」「この体験は身近な環境に関心を向けるような体験といえそうだ」というようにです。領域○○と特に関連している、と判断できる体験もあるでしょうし、例えば人間関係にも言葉にも深く関わると考えられるなど、明確に分けられない体験もあるかもしれません。また、どの領域ともいえないのではないかと思う体験もあるかもしれません。領域というのは大人が捉える際の視点ですから、当てはまらない体験があってもおかしくありません。「３つの視点」や「５つの領域」について学ぶときは、子どもの体験がまずあるのだということを認識しておいてください。
　以降、本章では「５つの領域」を中心に説明し考えていきますが、「３つの視点」についても基本的な考え方は「５つの領域」と同じです。「３つの視点」の詳しい内容や「５つの領域」とのつながりについては、「乳児保育」などの教科目で学びます。

2　保育の総合性とは

2.1　生活や遊びを通して総合的に育つ

　子どもは生活や遊びを通して、様々な体験や経験をしているということはわかりました。また、日々の体験や経験は発達を踏まえた「3つの視点」「5つの領域」から捉えられることも見てきました。つまり、子どもの生活や遊びは、発達につながる様々な体験や経験を総合的に含んでいるということになります。言い換えれば、子どもは生活や遊びを通して総合的に発達に必要な体験や経験をし、成長していくということです。教育要領の「解説」では、領域について次のように説明されています。

　　各領域に示されている「ねらい」は幼稚園生活の全体を通して幼児が様々な体験を積み重ねる中で相互に関連をもちながら次第に達成に向かうものであり、「内容」は幼児が環境に関わって展開する具体的な活動を通して総合的に指導されなければならないものである。
　　このようなことから、幼稚園教育要領第2章の各領域に示している事項は、教師が幼児の生活を通して総合的な指導を行う際の視点であり、幼児の関わる環境を構成する場合の視点でもあるということができる。[2]

　上記は、教育要領第2章「ねらい及び内容」の領域に関わる解説部分ですが、他にも似たような記述があります。

　　遊びを展開する過程においては、幼児は心身全体を働かせて活動するので、心身の様々な側面の発達にとって必要な経験が相互に関連し合い積み重ねられていく。つまり、幼児期には諸能力が個別に発達していくのではなく、相互に関連し合い、総合的に発達していくのである。[3]

　また、保育指針の「解説」でも以下のように説明されています。

　　子どもの発達は、様々な生活や遊びの経験が相互に関連し合い、積み重ねられていくことにより促される。また、ある一つの生活や遊びの体験の中でも、様々な発達の側面が連動している。子どもの諸能力は生活や遊びを通して別々に発達していくのではなく、相互に関連し合い、総合的に発達していく。[4]

遊びや生活を通して、健やかな心身や、人や環境との関わり、言葉を知り伝え合うことや感性などが相互に関連し合い、総合的に発達するということが共通して記されています。遊び、生活するのは子ども自身ですから、その子どもの意欲や関心、好奇心や探求心、感情なども含めて、その子全体として育っていくということです。そして、保育者は子どもの全体的な育ちを支えるためにも、視点をもって子どもの成長・発達を捉えていくことが必要なのです。

2.2 子どもの姿から捉える保育の総合性

以下に、一つの場面を紹介します。ここに登場する子どもたち一人一人の姿を通して、保育の総合性について考えてみましょう。

事例8-1 友達と一緒にオンステージ

保育所／2月

　2歳児クラスでの場面です。ナツミちゃん（2歳11か月）が、おもちゃの髪飾りをたくさん頭につけて、部屋の隅にある牛乳パックで出来た細長い台に乗り、流行りのアニメの歌を歌い始めました。身振り手振りを大きくしながら、アニメの主人公になりきっている様子です。しばらくすると、それに気づいた仲良しのカナちゃん（3歳3か月）がやってきて、台に上がって隣に立ち、同じく手を伸ばしたり体を斜めに伸ばしたりして踊りながら、声を合わせて歌います。そこへ、ナツミちゃん、カナちゃんと仲良しのサオリちゃん（2歳11か月）が走ってやってきました。サオリちゃんが向かってくるのを見たカナちゃんは、少しずれて自分とナツミちゃんの間に場所を空けましたが、サオリちゃんはカナちゃんを中央に戻して台に上がり、カナちゃんの横に並びました。

　3人が並んで前を向いて歌い始めました。が、それまで歌っていた歌と違うメロディをサオリちゃんが歌い始めると、ナツミちゃんとカナちゃんがちょっと不思議そうな表情で顔を見合わせ、サオリちゃんを見ます。少しの間3人で止まった後、誰からともなくまたアニメの歌を歌い始めました。はじめよりはゆっくりとしたテンポで声を合わせながら、楽しそうに歌い続けていました。

> **演　習**　①この場面でそれぞれの子どもが体験していると考えられる内容をできるだけ書き出してみましょう。
> 　　　　　　〔例〕仲良しの友達の遊びに魅力を感じて、一緒にすることを楽しんでいる。
>
> ……………………………………………………………………………………
> ……………………………………………………………………………………
> ……………………………………………………………………………………
> ……………………………………………………………………………………
>
> 　　　　　②次に、保育指針などの各領域にあげられた「内容」を参考にしながら、それぞれの子どもが体験していると考えられる内容を書き加えてみましょう。
>
> ……………………………………………………………………………………
> ……………………………………………………………………………………
> ……………………………………………………………………………………
> ……………………………………………………………………………………

2.2.1　領域の視点から見た総合性

　皆さんが書き出した、この場面で子どもが体験していると考えられる内容を、それぞれどの領域に近い体験といえそうか考えてみてください。おそらく、複数の領域があがるのではないでしょうか。

　例えば、友達と一緒に体を動かして楽しんでいるという体験は、人間関係や健康の領域に関わりがありそうです。また、どの場所に入ろうか、入れるかと考える体験は、人間関係や環境に関わりがありそうですし、髪飾りをつけてアニメの主人公になりきることは環境や表現に関わる体験といえそうです。そして、なじみのある歌を歌うことを楽しむ体験は、言葉や表現に関わりそうです。まずは、この場面に5領域すべてに関わる体験の可能性があることを確認しましょう。

2.2.2　5つの領域（発達の側面）の関連から見た総合性

　2.2.1で考えた体験は、この場面のまとまりの中で別々に存在しているわけではありません。髪飾りをつけてなりきることで、イメージが膨らんで歌いながら体を動かすことを楽しんだり、仲良しの友達を意識したからこそ、一緒に歌って体を動かそうとしたり、同じ歌を歌ったりしたと想像できます。友達への意識や関わり、イメージや歌や動き、髪飾りでの表現など、様々な領域が関連し合って一つの遊びのまとまりになっていることがわかります。

2.2.3　一人一人が体験している内容の関連から見た総合性

　ナツミちゃん、カナちゃん、サオリちゃんは一緒に遊んでいるけれど、それぞれ体験していたことは異なると予想できます。例えば、ナツミちゃんはアニメの主人公になりきって歌ったりすることを主に楽しんでいるようです。カナちゃんはナツミちゃんとサオリちゃんと一緒に何かを楽しむということを主に、サオリちゃんは友達に刺激を受けて自分なりに歌ったり友達と合わせたりすることを主に体験しているかもしれません。しかし、それぞれ別の体験をしている子どもが同じ場所にいるというだけでは、一つのまとまりのある遊びにはなりません。ナツミちゃんの姿に魅力を感じたり、カナちゃんの友達と楽しむ姿によってナツミちゃんとサオリちゃんも一緒に遊ぶ心地良さをより感じたりと、お互いの体験が影響し合っていることが想像できます。それぞれの関心や表現、楽しみ方が一つの場、遊びを成立させていると考えられます。

2.2.4　総合性を支える心情、意欲、態度

　様々な体験が含まれ関連し合っているこの遊びですが、原動力となっているのは、身近な物事への関心や好奇心、すてきだという思い、どうしたらまねできるだろうという思考、探求心、試行する力、想像力などです。一人一人の子どもが、関心や探求心、思考力などを複合的に発揮していることがわかります。関心や意欲をもち、自身の力を発揮しているからこそ、遊びに夢中になって、さらに自ら試したり広げたりすることにつながっていきます。

　子どもの主体性や自発性が重視されるのは、子ども自身の関心や意欲がさらに遊びを楽しくさせ、生活や遊びを豊かにしていくからです。ただ様々な体験を積み重ねれば子どもが育っていくのではなく、根底に子ども自身の関心や意欲、好奇心、探求心などがあることが一つ一つの体験をつなげ、子どもにとっての総合的な生活や遊びとなります。だからこそ、一人一人の成長・発達の過程は異なり、それぞれの道筋で自分に必要な経験を身につけていくことになるのです。

3 一斉の活動と領域

　園で展開される保育は、子どもの興味や関心に基づく遊びを中心としていますので、子どもが取り組む活動はおのずと異なりますし、一人一人の子どもがやりたいこと、やろうとしていることに取り組める、ということを重視します。一方、園生活では、クラスの皆で一緒に活動することも少なくありません。

　朝の集まりや帰りの集まりとしてクラス全体で絵本を見る、歌を歌う、皆で昼食を一緒に食べる、ルールのあるゲームをするといった活動は、多くの園で見られます。このようなクラス全体で行う活動は一斉活動などと呼ばれ、同じクラスの仲間を意識したり、保育者との関わりを深めたり、遊びの広がりのきっかけになることなどをねらいとして行われます。クラス全体で楽しむ経験は、日頃の一人一人の遊びをより充実させることにもなります。一斉活動を行う場合も、子どもの興味や関心が向いているか、子どもにとって無理がない活動か（強制的になっていないか）という保育の基本を逸脱しないように留意することが必要です。では、クラス全体での活動の中で、子どもたちはどのような体験をしているのか考えてみましょう。

事例8-2　一人で、保育者と、友達と

保育所／6月

　4歳児クラスの、朝の集まりでのことです。このクラスでは、毎朝保育者が一人ずつ子どもの名前を呼んで返事をした後、皆で歌を歌っています。その日も保育者の呼びかけで皆立ち上がり、朝の歌と季節の歌を歌いました。朝の歌はテンポのよい曲で、毎朝歌っているということもあり、皆大きな声で歌い、中には声を張り上げて歌っている子もいます。季節の歌は少し落ち着いたテンポで歌詞も長く、子どもたちも朝の歌よりは穏やかな声で歌っています。

　一番前に立っているダイチくんは、すぐ前にいる保育者をじっと見ながらよく口を開けて歌っています。アヤちゃんとトモカちゃんは保育者の方ではなく机に向かって並んで立っていて、2人で顔を見合わせながら歌っています。ユイちゃんは時々机の向かい側の子どもたちの顔をチラッと見ながら少し遅れて歌っているようです。一番後ろに立っていたシュンくんは斜め前にいるユウヤくんに「歌わないよなー」と言い、ユウヤくんは黙ってシュンくんを見て、前を向きました。シュンくんとユウヤくんは声に出して歌ってはいませんが、シュンくんは周りの子どもたちを時々見まわして、ユウヤくんは前を向いています。もう一人の保育者は、そばにいてそれぞれの様子を見ていました。

> **演習** 事例8-2に示した場面で、子どもたちはどのような体験をしていると考えられるでしょうか。一人一人についてあげてみましょう。
>
> ダイチ：
> ....
> アヤ：
> ....
> トモカ：
> ....
> ユイ：
> ....
> シュン：
> ....
> ユウヤ：
> ....

　一人一人、体験している内容が異なっていることや、いくつもの領域に関わる体験が混じり合っていること、一つの活動が総合的であることが確認できましたか。そして保育者は、前で一緒に歌ったり、そばで子どもたちの様子を見たりして、歌や音楽にふれるということを意識しながらも、一人一人がその中でどのような体験をしているのか読み取ったり、一人一人の意欲や心情を尊重しようとしているのです。

　クラス全体で行う活動であっても、子どもがその活動をしているかどうかではなく、一人一人の子どもがどのような関心や意欲などをもち、どのような体験をしているのかを丁寧に見ていく必要があります。

4　「領域」とは何かについてもう一度考える

　本章では、保育内容と、「領域」の考え方について学んできました。「領域」とは、あくまで子どもの体験や経験、発達を捉えるための視点であって、子どもが「領域」に合わせて生活したり遊んだりしているわけではないということが理解できましたか。つまり、保育の実践とは、領域ごとに取り出して活動したり教えたりするようなものではないということです。

　さて、そこまで理解している皆さんに、改めて考えてみてもらいたいと思います。

　保育指針、教育要領、教育・保育要領の基となる、1948（昭和23）年に発行された保育要領では、保育内容は、「幼児の保育内容─楽しい幼児の経験」として示されました。この時点では「領域」という考え方はありません。1956（昭和31）年に幼稚園教育要領ができたときに、保育内容を整理して捉えやすくするために、目安としての

「領域」が示されました。その後、1964（昭和39）年の幼稚園教育要領改訂でもこの「領域」は引き継がれました。いずれも、「領域」が相互に関連し合うことを示してはいましたが、この「領域」が小学校の「教科」を連想させるために、特定の領域を取り上げて指導するといったことが多く行われたのです（第2章参照）。

　幼稚園教育要領改訂の経緯について、1989（平成元）年の「解説」には以下のように書かれています。

　　39年度の教育要領で誤解を受けた点に6領域の問題があったと思います。領域を小学校の教科と共通したものととらえられやすかったことがあります。また領域という、「区分する」というニュアンスのある用語であるため、領域ごとにはっきり指導、活動を分けて考えるという受けとめ方がなされたように思います。5)

　このように、「領域」を設定したことと「領域」という用語そのものが、小学校の「教科」と結びつけてしまいやすい構造になっていることを指摘しています。そして、「領域」という用語、概念を引き続き使うことについて以下のように説明しています。

　　多様な活動の中で経験が蓄積されていくということを基本に、幼児の発達のいろいろな側面や能力を整理して「領域」としました。
　　「領域」という用語は、39年度教育要領と同じで、誤解をひきずる心配があります。しかし活動を分析している要素をある窓口から見ているという点は変わりませんので、引き続き使うことになりました。6)

　つまり、小学校の「教科」のように捉えられてしまう可能性はあるけれど、保育内容を捉える視点なのだという考え方を前提に「領域」として示し続けることにした、という経緯があったのです。これが、現在の教育要領、保育指針、教育・保育要領にも引き継がれているのです。
　私たちは、小学生の頃から長い間、国語、算数…などの教科の学習を、時間割に沿ってクラス全体で同じように学ぶ、という学校生活を送っています。行動が分類され時間で区切られた生活が当たり前になっているともいえるかもしれません。そのような中で「5つの領域」を見ると、理解したつもりでも、「領域」を「教科」のように捉えてしまいがちです。時間割のように「領域」を配置することはないとしても、皆で外で体を動かす活動を見て、「領域「健康」の活動をしているな」とか、何かにな

りきる姿を見て「領域「表現」の活動をしているな」などと捉えてしまう可能性はあるのです。

　今、保育について学び始めた皆さんは、まず保育指針や教育要領などについて学び、領域についても覚えたり理解したりしているところだと思います。領域概念の背景には、保育の構造や保育内容を巡る経緯や議論があるのだということを知っておいてください。そして、「保育指針や教育要領、教科書に書かれているから、そういうものなのだ」と捉えるのではなく、保育の専門家として、保育における意味や、子どもにとっての意味を主体的に考え、「領域」という枠組み自体を問い直し続ける姿勢をもってほしいと思います。

注
1）ここでの「体験」という語は、子どもが日々の生活、遊びを通して、その都度感じていることや楽しんでいることという意味で使っています。「経験」は、体験または体験の積み重ねを通して、その子どもなりに意味づけ身につけたりすることという意味で使っています。
2）文部科学省『幼稚園教育要領解説』フレーベル館、2018、p.143
3）同上、p.35
4）厚生労働省『保育所保育指針解説』フレーベル館、2018、p.23
5）大場牧夫・高杉自子・森上史朗編『幼稚園教育要領解説―平成元年告示』フレーベル館、1989、p.75。1964（昭和39）年の幼稚園教育要領では、6つの領域が示されていました。
6）同上、p.78

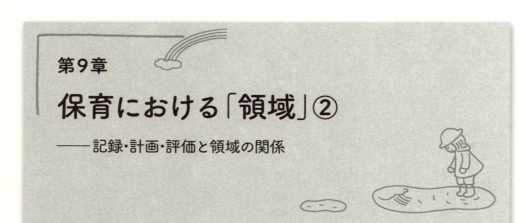

第9章 保育における「領域」②
―― 記録・計画・評価と領域の関係

　ここまでの章で、皆さんは以下のことを確認してきました。
・子どもにとって、自発的、主体的に遊び生活する中で体験・経験を積み重ねることが大切である。
・保育者は、子どもの発達にふさわしい体験・経験を保障するための視点、見通しをもつことが重要である。

　保育者は、子どもの成長・発達の長期的な見通しや、一年／一か月／一週間／一日の生活における姿の見通しなどをもって（つまり計画的に）、子どもに関わっています。「日々の子どもの興味関心に基づく自発的な姿を十分に認め尊重すること」と、「見通しをもって計画的に子どもに関わること」は、矛盾するようにも見えますが、保育実践とはこれらを両立させることなのです。そして、両立させていくために、本章で学ぶ記録・計画・評価が必要となります。

1　総合的な遊び、生活のための指導計画

　遊びは、主体としての子どもが自ら興味関心をもち、意欲をもってやろうすることです。だからこそ、心を動かし、想像したり思考したり、試したり工夫したりして、その結果に関心を寄せ、さらに工夫したり深めたりしていきます。その中で、自分なりに必要性を理解する、見通しをもって判断することも出てきます。そして、自ら総合的な体験・経験にしていくことができるのです。

　そのため保育者は、子どもの自発的・主体的な生活や遊びを保障するための環境構成や直接的援助などを計画していくことになります。一人一人の子どもがどのように遊びや生活を展開するかは、あらかじめ決めることはできませんから、保育者が決めた活動を実施するために計画するのではなく、子どもの自発的・主体的な生活や遊び

の成立を支えるための計画をするのです。これを指導計画と呼びます。きっかけは環境として保育者が用意するとしても、総合的な体験・経験としていくのは子ども自身です。子どもが自ら考えたり試したりしながら遊びを充実させていくために必要な援助を考えておくことが、具体的な指導計画を立てるということになります。

幼稚園教育要領と保育所保育指針から、計画に関する記述を抜粋してみましょう（幼保連携型認定こども園教育・保育要領には、幼稚園教育要領と同様の記述があります）。

> **幼稚園教育要領**
>
> 幼稚園教育は、幼児が自ら意欲をもって環境と関わることによりつくり出される具体的な活動を通して、その目標の達成を図るものである。
>
> 幼稚園においてはこのことを踏まえ、幼児期にふさわしい生活が展開され、適切な指導が行われるよう、それぞれの幼稚園の教育課程に基づき、調和のとれた組織的、発展的な指導計画を作成し、幼児の活動に沿った柔軟な指導を行わなければならない。［第1章 総則-第4 指導計画の作成と幼児理解に基づいた評価-1 指導計画の考え方］

> **保育所保育指針**
>
> 指導計画においては、保育所の生活における子どもの発達過程を見通し、生活の連続性、季節の変化などを考慮し、子どもの実態に即した具体的なねらい及び内容を設定すること。また、具体的なねらいが達成されるよう、子どもの生活する姿や発想を大切にして適切な環境を構成し、子どもが主体的に活動できるようにすること。［第1章 総則-3 保育の計画及び評価-（2）指導計画の作成-ウ］

いずれも、子どもの実態に即した計画と、その時々の子どもの姿に合った柔軟な関わりが必要だとして、子どもが自ら活動することを大切にしています。

指導計画は、年／期／月の長期的なものと、週／日の短期的なものがありますが、基本的な考え方は同じです。指導計画の種類や記し方は園によって様々です。

2　「領域」の考え方と指導計画

子どもの自発的で総合的な遊びや生活のためには、発達を見通した指導計画が必要です。ここで、第8章で学んだ「領域」（保育の「内容」を発達の側面からまとめた視点）を思い出してください。指導計画における領域の意味について、幼稚園教育指導

資料である『指導計画の作成と保育の展開』では、次のように説明しています。

 （2）「具体的なねらいや内容」を設定する
  ねらいや内容というと、幼稚園教育要領の第2章の各領域に示された「ねらい」及び「内容」をイメージしますが、その「ねらい」及び「内容」は、幼稚園生活全体を見通したものです。このため、指導計画を作成する際には、各領域に示された「ねらい」及び「内容」を<u>全て視野に入れて</u>、幼児の生活に即した具体的な指導計画上のねらいや内容を設定することが必要です。すなわち、その時期の幼児の発達の実情を把握し、育ってほしい姿として具体的なねらいを設定し、そのために幼児はどのような経験を積み重ね、何を身に付けることが必要かを捉えた具体的な内容を指導計画の中に示していきます。[1)]

　第8章で見てきたように、遊びや生活はそもそも総合的なものであり、5領域はあくまで視点に過ぎませんので、ある領域を単独で取り上げて何かしらの活動を計画することはできません。遊びとは、各領域の内容を寄せ集めたものではなく、各領域の内容が複雑に絡み合い混じり合いながら成立しているものだからです。
　そのため、指導計画を考えるにあたっては、どうしたら子どもの遊びや生活が豊かに展開するか、心地よく行えるかを考えていくことになります。遊びや生活の全体を捉えた「ねらい」や「内容」の中に、おのずと5領域の視点が含まれることになるのです。例えば、一週間のねらいを「好きな遊びを見つけ、楽しむ」「身近な春の自然に触れ、味わう」と考えたとします。その内容としては、「興味をもったことを試したり、友達の遊びをまねしたりする」「保育者と一緒にいる安心感をもって、思いを表す」「花や葉の自然物に触れたり、そよ風などを感じたりして、感触や心地よさを感じながら遊ぶ」などが考えられます。この具体的な「ねらい」や「内容」は、各領域の視点が混じり合っていることがわかると思います。
　保育者は、そのような内容を子どもが自ら体験できるような援助を計画していきます。このとき、計画した具体的な環境の構成や直接的援助が、子どもの興味や関心に沿った遊びや生活の展開を予想したものになっているか、また子どもの総合的な体験につながるものになっているかを確認していきます。保育者が子どもの遊びや生活を総合的に捉えて計画しているかどうかを確認するために、5領域の視点が必要となります。保育者の援助がある側面に偏ってしまうと、子どもが総合的に遊びを展開しにくくなってしまう可能性があるからです。
　さて、皆さんが保育を学ぶためのカリキュラムを見ると、幼稚園教諭免許状を取得

するためには「領域に関する専門的事項」「保育内容の指導法」を修得する必要がありますし、保育士資格を取得するためには「保育内容演習」を修得する必要があります。多くの学校では、これらを領域別に教科目として設定しています（「領域健康」「保育内容健康」など、授業の名称は学校によって異なります）。そして、それぞれの領域別の授業ごとに、指導計画を立案したり、具体的な保育場面を知ったり検討したりして学ぶことになっています。

　どの教科目も、保育の基本的な考え方が前提となっていますので、指導計画で想定する子どもの遊びや生活が、その教科目で扱う領域だけでなく他の領域とも関連し合っていることや、総合的なものであることも踏まえて学んでいくことになるでしょう。前述したように、領域を単独で取り出して計画を立案したり実践したりすることはできないのです。

　しかし、遊びや子どもたちが皆で取り組む活動を、領域別の教科目名で括られた中で学ぶことになる、皆さんにとってはどうでしょうか。例えば、「保育内容（表現）の指導法」で劇ごっこを想定して指導計画を立案して模擬保育をしてみた、とすると、領域「表現」と劇ごっこがイメージとして結びつきやすくなってしまうと考えられます。実際に子どもと関わって、一人一人異なる興味関心や行動を目の当たりにしていなければ、総合的に捉えることがさらに難しいかもしれません。教科目名とそこで学ぶ内容が結びつくのは当然ですが、常に総合的な視点と領域からの視点が行き来するよう意識することが、保育内容を学ぶ際に重要です。

　次に示すのは、ある幼稚園の一週間の指導計画の例です。━━━で囲んだ部分に注目してください。

　まず、一番左の欄の「幼児の実態」には、計画する週（ここでは12月5日〜9日）の直前の時期の子どもたちの興味関心、楽しんでいたことやその様子などが書かれています。この「幼児の実態」を踏まえて「ねらい」が考えられます。「経験して欲しい内容」の欄には、「幼児の実態」と「ねらい」から、計画する週に具体的に経験するであろうと予想される内容や経験してほしい内容が記されています。「環境構成」の欄には、「経験して欲しい内容」が経験しやすくなるための環境構成が具体的に記されています。また、「教師の援助」の欄には、「経験して欲しい内容」を考慮した、保育者の具体的直接的な関わりや配慮などが書かれています。

　子どもの実態に基づいたねらいと内容、保育者の間接的直接的援助が関連し合っていることを確認しておきましょう。

表9-1　記録した実態や読み取った「育ちの姿」を基に立案した週案

12月5日　～　12月9日　　4歳児　　りす組

ねらい	☆一緒に遊びたい友達とかかわりながら、動きや言葉がつながる楽しさを感じる。 ☆素材や材料の面白さを感じ、取り入れて遊ぶ楽しさや自分なりに表現する楽しさを感じる。	

幼児の実態〈幼児の育ちの質〉		経験して欲しい内容
〈生活の姿〉 ・アートフェスタを楽しみにする姿が多く見られ、自分たちの作ったものや描いたものが園内を飾っていく嬉しさを感じていた。当日は、保護者に見てもらうことを喜び、一緒に見ることや作ることを楽しんでいた。 ・アートフェスタの関係で身支度等生活の仕方がいつもと違っていたが、話をよく聞いたり、周囲の様子をよく見たりして自分たちでよく動いていた。 ・一方でコップを出し忘れてしまう子やマイペースに準備をし、遅れてしまう子が決まってきてしまっている。 〈遊びの姿〉 ・友達と一緒に遊んだり、誘い合って同じ遊びを楽しんだりしている。「僕たち・私たちの場」を作って遊んでいる。 ・それぞれ自分の好きなように思いやイメージを出し、遊ぶことを楽しんでいる。「私、〜ね！」「ここ〜にしようよ！」など自分の思いを相手に伝えようとする姿が増えてきた。 ・一方、友達が自分の思いどおりに動いてくれないつまらなさや上手くいかないもどかしさ、ジレンマを感じている様子が見られるようになってきた。 ・アートフェスタの経験から…様々な素材や材料にふれたことを生かし、「〜で使った…なものが欲しい！」という声が聞かれるようになってきた。 ・年長さんが作った海賊ワールドを楽しむ。じっくりと見つめたり、教えてもらうことを喜んだり、何度もくり返したりする姿が見られた。	アートフェスタを楽しみに毎日を過ごす 見てもらう嬉しさ 自分たちでよく動く 遅れてしまう子が決まってきた 仲間意識が出てきた 自分たちの遊びがある それぞれの思いイメージを出す 思いどおりにいかないつまらなさもどかしさ 素材材料の面白さに気づく 経験を生かして遊ぶ 思いきり楽しむ中で刺激を受ける	○自分の思いを言葉と動きで表し、イメージを膨らませて遊ぶ。 ○やっていいことといけないことが分かり、相手の気持ちに気づく。 ○友達と遊ぶ中で、自分の考えや動きを出し、受け入れられた嬉しさを感じる。 ○自分なりに試したり、工夫したりしながらイメージを形に表して遊ぶ楽しさを感じる。 ○工夫して使うと面白くなることを感じる。 ○仕組みの面白さを感じながら動くものを作って遊ぶ。 ○思いきり体を動かして遊ぶ楽しさを感じる。 ○ルールを守って遊ぶと、遊びが面白くなることを感じる。 ○思いどおりにいかない悔しさ、もどかしさを感じる。 ○ヒヤシンスやチューリップの生長に興味をもち、調べたり世話をしたりする。 ○クリスマスに向けての製作をし、期待をもつ。

5日（月）	6日（火）	7日（水）
9:00　登園・身支度　お弁当箱出す！ 　　　絵本を返す 9:10　集まる（お弁当温めについて） 　　　2年生交流の話 　　　好きな遊び　†車づくり 10:45　片づけ・トイレ・手洗い・うがい 11:10　♪「あわてんぼうのサンタクロース」 　　　2年生と交流 11:25〜2組さんと…ありがとうの絵を渡す・ 　　　じゃんけん列車 11:40〜1組さんと…なかよしゲーム・ 　　　ありがとうの絵を渡す 12:10　お弁当の準備・お弁当をもらう 12:20　↳「いただきます」 　　　好きな遊び 13:15　片づけ・トイレ・手洗い・うがい 13:30　パネルシアター 　　　「うさぎ野原のクリスマス」 13:45　降園準備 14:00　降園	9:00　登園・身支度 　　　好きな遊び　†クリスマスの 　　　　　　　　　飾りづくり 10:50　片づけ・トイレ・手洗い・うがい 11:15　フルーツバスケットをする！ 11:35　グループ決め　①くじ 　　　　　　　　　②名前を決める 11:50　お弁当の準備 12:00　↳「いただきます」 　　　好きな遊び 13:15　片づけ・トイレ・手洗い・うがい 13:25　♪「あわてんぼうのサンタクロース」 　　　絵本「てぶくろ」 13:45　降園準備 14:00　降園	9:00　登園・身支度 　　　好きな遊び　†クリスマスの 　　　　　　　　　飾りつけ 9:50　片づけ・トイレ・手洗い・うがい 10:15　先生の話を聞く・遊戯室へ 10:30　観劇会 〜 11:30　手あそび・歌など 11:45　降園準備 12:00　降園 様子見て6か7か決める マンションのお家持ち帰り
個人面談手紙・集金袋配布	ツリー他 クリスマスグッズ出す	園内研計画書〆切・教育会

出所：文部科学省『指導と評価に生かす記録』フレーベル館、2013、pp.52-53（一部改変）

☆ルールのある遊びを楽しむ中で、ルールがあると友達と一緒に遊ぶことが楽しくなることを感じる。
☆冬の訪れを感じ、身近な自然に興味をもったり世話をしたりする。

園長印	担任印

環境構成	教師の援助
〈動きや言葉がつながる楽しさを感じられるように…〉 ＊同じ遊びをする子ども同士の動きが見えたり、言葉が聞こえたりするように、場作りの配慮をする。 ＊特に、室内の遊びを、子どもの動きを見て整理する。イメージの広がりと共に、物や場があふれてしまうこともあるので思いを確認しながら整理していく。 〈素材や材料の面白さを感じ、工夫して使う楽しさを感じられるように…〉 ＊自分なりの工夫や試しが十分にできるように、材料を用意したり、作ったものをそのものに応じてとっておいたりする。 ＊遊びの様子を見て、タイミングよく材料を出していく。 〈ルールを理解し、ルールの必要性に気づいて楽しめるように…〉 ＊子どもの人数に合わせて、場の大きさなど調整する。 ＊ルールを確認する時間を作る。 〈冬の季節や自然に興味がもてるように、関心を深めていけるように…〉 ＊学級で話題にする機会を作る。 ＊子どもたちと一緒に飾りつけをしたりしていく。	◆イメージの広がりを共に楽しみながら、「～はどうなっているの？」など更にイメージが膨らむような投げかけや提案をする。 ◆自分の思いと相手の思いの両方に気づけるよう、思いの伝え合いを助ける。「～って思ったんだね、○○ちゃんに伝えてみたら？」 ◆一緒に遊ぶ楽しさ、それぞれ受け入れられる嬉しさを共感的に伝えていく。「△△くんにも伝わって良かったね！一緒に遊べると楽しくなるよね！」 ◆その子なりの表現や良さ、工夫しているところを具体的に認めていく。また、共に面白がる中でいろいろな表現を更に楽しめるようにしていく。 ◆仕組みの面白さに気づけるよう、楽しみながら話題にしたり一緒に不思議がったりする。 ◆ルールがあるから楽しくなる、お互いに気持ちよく遊べるということを遊びながら場面に応じて具体的に伝えていく。 ◆子どもの気づきや期待を受けとめ、周りの子どもたちにもその気づき等を伝えていく。関心をもつきっかけになるようにする。

保育資料

歌…「あわてんぼうのサンタクロース」「うさぎ野原のクリスマス」 絵本…「どうぞのいす」「てぶくろ」 楽器遊び…すず、カスタネット、 　　　　　タンバリン　「ホ・ホ・ホ」交互奏♬	製作…クリスマスツリーの装飾（天使ちゃん　ブーツづくり）、 　　　リースづくり（小枝・毛糸などを使って…）、車づくり 集団遊び…じゃんけん列車、なかよしゲーム、 　　　　　フルーツバスケット、ころがしドッジボール

8日（木）	9日（金）	反省・評価
9:00　登園・身支度 　　　　好きな遊び　†リースづくり 10:50　片づけ・トイレ・手洗い・うがい 11:10　♪「あわてんぼうのサンタクロース」 11:20　ころがしドッジボールをする 11:50　お弁当の準備 12:00　↪「いただきます」 　　　　好きな遊び 13:15　片づけ・トイレ・手洗い・うがい 13:30　♪「うさぎ野原のクリスマス」 　　　　絵本「どうぞのいす」 13:45　降園準備 14:00　降園	9:00　登園・身支度 　　　　好きな遊び　†リースづくり 10:50　片づけ・トイレ・手洗い・うがい 　　　　♬ダンス「はっはっほっほっ　おまじない」 　　　　楽器遊び（すず、カスタネット・タンバリン） 　　　　避難訓練 11:50　お弁当の準備 12:00　↪「いただきます」 　　　（食後）絵本を借りる 　　　　好きな遊び 13:10　片づけ・トイレ・手洗い・うがい 13:25　♪「うさぎ野原のクリスマス」 　　　　大型絵本「きょだいな　きょだいな」 13:45　降園準備 14:00　降園	

> **演習** 表9-1の指導計画について、予想される子どもの経験内容、環境構成や保育者の援助配慮について、それぞれ各領域の視点から読み取ってみましょう。
>
> ....
> ....
> ....
> ....
> ....
> ....
> ....
> ....
> ....
> ....
> ....
> ....

　5つの領域の視点が重なり合って、その日の保育が計画されていることが実感できましたか。実感できた皆さんは、総合的な遊びや生活を保障するために、子どもの体験・経験内容や保育者の援助配慮を5領域の視点から確認することの必要性が理解できているはずです。保育者は、総合的な視点と領域の視点の両方をもって保育を展開していく必要があるのです。

3　保育における評価とは

3.1　保育実践全体を捉える評価

　では、遊びや生活全体が充実することを想定して計画され、行われた保育の実践は、どのように評価できるでしょう。

　評価、と聞くと、教科ごとに行われる学習評価、いわゆるテストやレポートで知識の理解や技能の習熟を測ること、ひいては成績評価のように目に見える数値などが思い浮かぶかもしれません。しかし、保育において教科はなく、遊びや生活は総合的なものであり、計画も5領域すべてを視野に入れたものです。ということは、その評価も、領域の視点を含みつつ総合的なものであると予想ができそうです。

　保育における評価とは、子どもが総合的な遊びや生活を通して体験や経験を積み重ねる過程と、子どもの成長発達の過程に即した保育者の環境構成や援助などの過程と

の関連の中で保育実践全体を捉え、検討することです。保育における評価について、教育要領には次のように示されています。

> **幼稚園教育要領**
> 　幼児の行う具体的な活動は、生活の流れの中で様々に変化するものであることに留意し、幼児が望ましい方向に向かって自ら活動を展開していくことができるよう必要な援助をすること。
> 　その際、幼児の実態及び幼児を取り巻く状況の変化などに即して<u>指導の過程についての評価を適切に行い</u>、常に指導計画の改善を図るものとする。[第1章 総則－第4 指導計画の作成と幼児理解に基づいた評価－2 指導計画の作成上の基本的事項－（2）－ウ]

そして、以下のように解説をしています。

> 　幼稚園における指導は、幼児理解に基づく指導計画の作成、環境の構成と活動の展開、幼児の活動に沿った必要な援助、評価に基づいた新たな指導計画の作成といった循環の中で行われるものである。（中略）
> 　保育における評価は、このような指導の過程の全体に対して行われるものである。この場合の評価は<u>幼児の発達の理解と教師の指導の改善という両面から行う</u>ことが大切である。[2]

また、保育指針には次のように記され、「自己評価」であると書かれています。

> **保育所保育指針**
> （ア）保育士等は、保育の計画や保育の記録を通して、自らの保育実践を振り返り、自己評価することを通して、その専門性の向上や保育実践の改善に努めなければならない。
> （イ）保育士等による自己評価に当たっては、子どもの活動内容やその結果だけでなく、子どもの心の育ちや意欲、取り組む過程などにも十分配慮するよう留意すること。
> （ウ）保育士等は、自己評価における自らの保育実践の振り返りや職員相互の話し合い等を通じて、専門性の向上及び保育の質の向上のための課題を明確にするとともに、保育所全体の保育の内容に関する認識を深めること。[第1章 総則－3 保育の計画及び評価－（4）保育内容等の評価－ア 保育士等の自己評価]

保育指針においても、評価は保育の過程全体に関わるものであること、子どもの体験・経験内容と育ち、及び保育者自身の実践の振り返りと改善の視点が必要であることが記されています。

　なぜ、子どもの理解と保育者の援助の2つの観点からこのような過程全体を捉える（＝評価する）必要があるのでしょうか。園で子どもが遊び、生活する姿や、子どもが体験し経験する内容は、保育者が子ども（たち）をどのように理解し、どのような経験を願い、必要な体験を可能とするためにどのように環境を構成し援助したかによって大きく異なってきます。そのため、子どもの経験や育ちだけを取り出して評価することはできません。保育者の子ども理解や援助と、子どもの経験が、園全体の遊びや生活の中でどのように関連し合い、どのような体験が積み重ねられ経験になり、育ちつつあるのかといった変化の過程全体を捉えることが、評価として必要なのです。

3.2　保育を評価する目を自分自身でもつ

　保育実践全体を捉えることが保育における評価である、とすると、保育における評価を具体的にイメージすることはなかなか難しいのではないでしょうか。小学校以降の教科における評価なら具体的にイメージできるでしょう。皆さんも、成績表などでこれまで目にしてきたとおり、評価の観点が目に見えやすいからです。

　小学校以降の教科における評価は、ある一定の基準に基づいて行われます（例えばテストや通知表の観点）。小学校以降の教科では、学習指導要領に基づいて当該学年ごとに習得すべき内容が定められ、到達度をある程度客観的に測ることが可能だからです。ところが保育において育みたいことは、一人一人の子どもの興味や関心、意欲や態度などです。一定の基準で測ることもできなければ、達成しなければならない目標として示されているものでもないのです。一人一人の子どもの姿や発達の理解に基づいた評価の実施にあたって配慮することとして、教育要領には次のように記されています。

> **幼稚園教育要領**
>
> 　指導の過程を振り返りながら幼児の理解を進め、幼児一人一人のよさや可能性などを把握し、指導の改善に生かすようにすること。その際、<u>他の幼児との比較や一定の基準に対する達成度についての評定によって捉えるものではない</u>ことに留意すること。［第1章　総則−第4　指導計画の作成と幼児理解に基づいた評価−4　幼児理解に基づいた評価の実施−（1）］

そして、「解説」には次のように記されています。

> 幼稚園生活において、一人一人の幼児が発達に必要な体験を得られるようになるには、幼児一人一人がどのような体験を積み重ねているのか、その体験がそれぞれの幼児にとって充実しているか、発達を促すことにつながっているかを把握することが重要である。[3]

園での子どもの育ちを、保育者の援助との関連で捉えるという、一定の基準で測ることのできない保育の評価は、実際にその子どもたちとともに遊び、生活し、保育を営む当事者である保育者にしかできません。保育者自身が、どのように子どもの姿や自らの保育実践を捉えたのかという視点自体も明確にしながら、保育実践の過程を丁寧に言葉にしていくことが必要となるのです。

4 計画、評価の基となる記録

4.1 保育における記録とは

保育者は様々な記録を書きます。保育日誌や、3歳未満児の睡眠や排泄などの記録、連絡帳も記録の一つです。また、定期的に子どもの成長・発達の姿を記録していく個人記録、小学校へ伝えるための幼稚園幼児指導要録・保育所児童保育要録・幼保連携型認定こども園園児指導要録などがあります。様々な記録は、子どもの心身の状態を把握したり、保育者間や保護者等と共有したり、保育者が自身の保育を検討したりする際の手がかりとなり、子どもの充実した生活や遊び、成長・発達を支えていく重要な役割をもっています。

特に、日々の計画や評価に密接に関わる記録は、保育日誌などに記載する保育実践記録です。保育実践記録には、日々の遊びの様子や子ども同士の関わり、出来事などを記録します。また、保育者自身の関わりとその理由、子どもの姿に対する理解も記録します。保育実践記録を書くことで次のような考察・省察ができ、計画や評価につなげていくことができるのです。

①子どもを理解する

　日々の子どもの遊び、言葉や表情などの様子を記録することで、子どもが体験し経験しつつあることを検討したり、子どもの思いや行為の意味を考察したりして、子ども理解を深めることにつながります。

②子どもの姿を踏まえた翌日・翌週の保育を計画する

　　子どもの遊びの展開や興味関心、子どもの行動の理由などを推測し、翌日（翌週）どのような環境を用意したり工夫したりすることが適切だろうか、どのような言葉をかけたり手助けをしたらよいだろうか、などと検討することができます。

③保育を振り返り（省察し）、自身の考え方などを見つめ直す

　　子どもへの関わりやその理由、適切であったかどうかを考えながら記述することで、改めて自身の保育を振り返ることができます。また、自身の子ども理解の特徴や、保育の考え方（保育観）を自覚したり、新たに気づいたりすることが可能になります。

　記録から子ども理解を深めたり、自分自身の保育を振り返ったりするために、記録を書くときには次のことに注意をしてみましょう。

①子どもの姿を具体的に書く

　　例えば、「楽しんで作っている」という記述からは、子どもの関心の程度や楽しんでいたかについて検討することができません。「真剣な表情で、何度も組み立て方を変えて作っている」などと具体的に書くと、検討したり共有したりすることができます。

②子どもの姿だけでなく保育者（自分自身）の関わりも書く

　　保育者の関わりは自分自身のことなので、子どもを対象にした記述よりも難しく感じるかもしれません。しかし、自身の保育を振り返ったり、子どもの理解を深めるためにも保育者の関わりやその理由を書く必要があります。

　実習でも毎日保育実践記録を書きます。現場で様々なことを考えたり判断したりしながら子どもと関わった、自身の実践を書く記録です。「実習で課せられているから」ではなく、日々の子どもの理解や自身の子どもとの関わりを振り返るために記述していきましょう。記録を書きながら、子どもと関わっている最中には気づかなかったことに気づいたり、翌日はこうしてみようと考えが浮かんだりすると、実習がより充実したものになります。

4.2　保育者の関わりの基となる願いと子ども理解

　次の事例を読み、あなたが保育者ならどうするか、理由とともに考えてみてください。

第9章　保育における「領域」②

事例9-1　タッチされてない！
幼稚園／6月

　5、6人の子どもたち（4歳）が園庭で鬼ごっこをしています。鬼にタッチされた子は交代して鬼になります。逃げている子どもと追いかけている子どもの攻防でスピード感があります。足が速いハルキくんは始まってから長いこと捕まらず、鬼が近くに来てもスルリとかわして逃げていましたが、とうとう鬼にタッチされてしまいました。するとハルキくんは「嫌だ！ タッチされていない！」と言って怒ってしまい、また走り続けようとします。鬼のノゾミちゃんが「そんなのずるい！」と言うと、ハルキくんは「じゃあやめる」とやめようとします。その場の雰囲気も悪くなってしまいました。

　保育を学ぶ学生に問いかけると、いろいろな答えが返ってきました。

Aさん：私が保育者なら、自分が鬼になります。理由は、誰かが鬼になれば鬼ごっこが続けられるからです。

Bさん：私が保育者なら、鬼ごっこをしていた子どもたち皆にどうしたらよいか投げかけます。理由は、自分たちで解決していってほしいからです。

Cさん：私が保育者なら、ハルキくんに、皆が困っているということを伝えます。理由は、ハルキくんに友達の気持ちに気づいてほしいからです。

Dさん：私が保育者なら、子どもたちがどうするか様子を見ます。理由は、子どもたちで気づいて考えていってほしいからです。

　このように様々な関わりが想像できますが、保育者としてどの関わりが適切なのでしょうか。どの学生の答えも、前半が関わり、後半がその理由、つまり保育者としての願いになっています。例えば、Aさんは「鬼ごっこが続いてほしい、友達と楽しかったと思える体験になってほしい」と願い、そのためには自分が鬼になって楽しい遊びが続くようにしようと考えています。どの答えも、「願い」に沿った「関わり」に

なっているようです。だとすると、どの「関わり」が適切かというのは、どの「願い」が適切かということになります。では、思い描いた「願い」が適切かどうかはどのように考えることができるでしょうか。「願い」が子どもにとって適切かどうかを判断するためには、一人一人の子どもの発達や今体験している内容、一緒に遊んでいる子どもたちの関係性、遊びの状況などが必要になります。

　もし、事例の鬼ごっこが最近始まったばかりで、メンバーもよく遊ぶメンバーではない状況だとしたら、「まずは友達と鬼ごっこをしたことが楽しかったと思える体験になってほしい」という願いは妥当だと考えられます。このメンバーでのこの遊びが楽しかったと思える体験が、遊びが継続したり充実したりすることにつながる可能性があると考えられるからです。

　あるいは、ハルキくんが鬼になりたくないということが何日も続いていて、また、鬼ごっこを抜けてからもハルキくんがメンバーを気にしている様子が見られていたらどうでしょう。「ハルキくんには友達の気持ちに気づいて、どうしたら楽しく遊べるのか考えてみてほしい」という願いが妥当かもしれません。遊びたいけれど鬼になりたくないというような葛藤を体験しながら、互いに育っていける可能性があると考えられるからです。

　他にも、その場でハルキくんや仲間たちに提案ができそうな子どもがいるようであれば、自分たちで話し合ってほしいと様子を見守ってみるかもしれませんし、子どもたちがそれほど鬼ごっこに夢中になっている様子ではない状況であれば、無理に鬼ごっこが続かなくてもよいと考えるかもしれません。また、もしハルキくんが日頃から自己主張をすることがあまりなかったとすれば、まずはハルキくんが自己主張をしたということを大切にしたいと考えるかもしれません。

　このように、「関わり」の基になる「願い」には、「願い」の基になる「子どもの姿

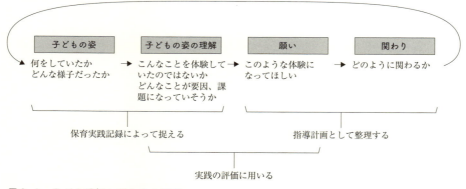

図9-1　子ども理解と関わりの関係
出所：筆者作成

とその理解」があるということがわかります。つまり、子ども（たち）が何をしていたか、どんな様子だったかという目に見える「子どもの姿」と、こんなことを体験していたのではないか、どんなことが要因、課題になっていそうかという「子どもの姿の理解」が、このような体験になってほしいという「願い」とどのように関わるかという保育者の「関わり」につながっているのです（図9−1参照）。保育において、「願い」と「関わり」の基になる「子どもの姿とその理解」を整理して捉えるための手がかりが、記録なのです。

4.3　記録と計画・評価との関係

　保育者がどんな「願い」をもち、「願い」に基づいてどのような「関わり」の可能性を想定するかが指導計画にあたります（「関わり」とは、環境構成などの間接的援助や、言葉かけなどの直接的援助を含みます）。ということは、指導計画を考えるにあたっては、記録（子どもの姿とその理解）が必要であるといえます。

　また、評価とは子どもの体験や経験の積み重ねと育ちの過程、育ちの過程に関わる保育者の援助などを捉え、振り返り見直していくことです。子どもの体験の積み重ねと保育者の援助の過程も記録に記されていきます。つまり、評価にも記録が必要不可欠なのです。

　では、どんなことを記録することが必要なのか、前述の鬼ごっこの例で考えてみましょう。この遊びの状況（遊びの持続性や子ども同士の関係性など）、子ども一人一人の姿や体験内容、ここ数日の保育者の願いや関わりなどが考えられそうです。

　記録する（言葉にする）ことで、自分自身が何を見て、何を主に捉えたのか、そしてどのように捉えたのかなどが目に見えるかたちになります。子どもの体験の読み取りが深まったり、時には、自分自身が気づかなかった捉え方、視点の偏りに気づいたりすることもあります。頭の中だけで考えているときよりも、文章にして対象化することで、振り返りや検討がしやすくなるのです。振り返るときに、領域の視点が手がかりになります。各領域の視点で見直したときに、子どもの体験内容の偏りが続いているようであれば、子ども自身が興味関心を向けて今の体験を少し広げられるような環境の工夫をしてみようか、などと考えてみる助けになるでしょう。記録は、計画に生かし、評価につなげていくものなのです。

4.4　Let's go 街の子ウォッチング

　皆さんも、実際に子どもと出会って、子どもを見て、記録を書いてみましょう。自宅の近くで、通学途中で、散歩中に、様々な場所で子どもを見かけるでしょう。その

子たちが何をしているのか、どんなことを話したり思ったりしているのか、少しだけ踏み込んで見てみませんか。いつもとは違う発見があるかもしれません。

　まずは、演習でウォーミングアップをしておきましょう。短い動画[4]を見て、記録を書いてみてください。書くときに、①子どもの行動や言葉をできるだけ具体的に書くこと、②あなたが感じ取った子どもの様子（表情や態度など）を書くことを意識しましょう。

演　習　①動画を見て、記録を書いてみましょう。

　　　　　　……………………………………………………………………
　　　　　　……………………………………………………………………
　　　　　　……………………………………………………………………
　　　　　　……………………………………………………………………
　　　　　　……………………………………………………………………
　　　　　　……………………………………………………………………
　　　　　　……………………………………………………………………

②自分の記録を読み返して、タイトルをつけてみましょう。

　　　　　　……………………………………………………………………
　　　　　　……………………………………………………………………
　　　　　　……………………………………………………………………

発展演習　グループになって、書いた記録を読み合ってみましょう。

　同じ場面でも、人によって表現が違ったのではないでしょうか。このような書き方だとわかりやすい、こんなところにも目を向けていたのか、など、取り入れたいと思ったことはメモしていきましょう。タイトルはどうでしょうか。タイトルには、自分が一番目に留めたことが表れるものです。同じ場面を見ていても、人によって着目の仕方が違うこともわかりましたか。

　動画は、子どもの姿の一部分に焦点を合わせて提示したものです。つまり、撮影した人の捉え方、枠組みがあります。今度は、皆さん自身の目で子どもの姿にフォーカスする番です。近くに保護者の方がいらしたら、自己紹介をして許可をいただいて観察スタートです。

　ここで、学生が記録した「街の子ウォッチング」を紹介しましょう。

保育内容総論－街の子ウォッチング－

1．記録をとったときの状況

| 日時： 5月5日（日）10：00～11：30 | 天気：晴 | 気温：20℃ |

半分広場、半分に遊具がある公園で観察。5、6人で遊んでいる小学生と3組の親子がいて、お父さんと一緒に来ていた2歳くらいの女の子（図ではⒶ）を観察した。

2．記録と考察

・はじめは、すべり台に何度ものぼって滑っていた。すべり台へのぼる階段が少し大きくてのぼりにくそうだったが、しっかりと手すりを掴んで、身をかがめてのぼっていた。お父さんは階段をのぼるときは階段の方にいて、滑るときは前で待っていた。その子は、滑るとき必ずお父さんをしっかり見て滑っていた。一人で滑れるところをお父さんに見せたいのかなと思った。

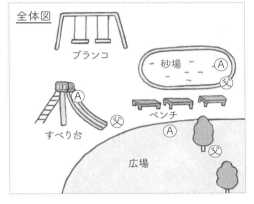

・次に、砂場に行ってしゃがむと、お父さんが持っていたバケツとシャベルを渡した。その子はシャベルで砂を掘って、掘った穴の横に砂をバサッと何度も落としていた。顔は笑っていなくて、一生懸命やっているようだった。しばらくすると、砂場の縁のところに掘った砂をそっと置いて、ベンチに座っているお父さんを見た。「見てー」と言ってお父さんが見ると、また砂を置いて「見てー」と言っていた。

・その後、お父さんとかくれんぼを始めた。お父さんが広場の方に隠れに行くと、女の子はちょっと目を開けてお父さんが行く方を見ていた。お父さんは遠くには行かずに、近くの木の後ろに隠れて、「もういいよ」と言うと、女の子はすぐにお父さんを見つけていた。見ていたからだなと思った。

3．考えたり、思ったりしたこと

　かくれんぼのときに女の子が目を開けていたことが、そのときにはずるいなと思ったけれど、今書きながら思ったのは、もしかしたらお父さんがどこに行くのか見たかったのかなということです。すべり台のときも、砂場でも、お父さんを見ていたので、かくれんぼのときも見たかったのかなと思いました。

　また、お父さんは女の子が何も言わなくても、女の子に合わせて動いたり道具を出して渡したりしていて、よくわかっているんだなと思いました。子どもが何をしたいかをわかることが大切なんだなと思いました。

演　習　①この記録の優れていると思うところ、工夫していると思うところを3つあげましょう。

　　　　　………………………………………………………………………………………
　　　　　………………………………………………………………………………………

　　　　②この記録の中で、もう少し知りたいと思うことと、その理由をあげましょう。

　　　　　………………………………………………………………………………………
　　　　　………………………………………………………………………………………

　　　　③この記録を書いた学生は、かくれんぼのときに女の子が目を開けていたことに対して、はじめは「ずるい」と思ったけれど、後から「見たかったのか」と理解しています。あなたは、女の子はなぜ目を開けていたのだと考えますか。

　　　　　………………………………………………………………………………………
　　　　　………………………………………………………………………………………
　　　　　………………………………………………………………………………………

　皆さんも、街の子ウォッチングで見てきた自分の記録と、仲間の記録を紹介し合い、感想や気づいたことを伝えたり、気になることや知りたいことを質問したりしてみましょう。自分の出会った子どものことも、仲間の出会った子どものことも、新たに気づくことがあるかもしれません。

　さて、上記の学生の記録については、演習③に関してその後の議論がありました。仲間と共有したところ、「女の子がどんな表情だったのか」などの質問があり、表情についてははっきりしませんでしたが、女の子が目を開けていたのは、「一人で目を閉じているのは難しかったのではないか」とか、「一人で目を閉じていて不安になったのではないか」といった意見が他の学生から出てきました。話し合いを経て、記録を書いた学生は「自分は女の子がかくれんぼですぐ見つけたいと思っていたとしか考えていなかったけれど、仲間の意見を聞いて、もしかしたら父親と離れて一人で不安になったという可能性もあると思いました。確かに、それまであまり父親と離れて遊ぶことはなかったので」と発表しました。加えて、発表後の感想に「私はかくれんぼのルールのほうが気になっていたのだと気づきました」と書かれていました。この学生にとって、記録を書きながら、また仲間と議論をしながら、「もしかしたら…」「○○かもしれない」と考えたり、自分の視点に気づいたりした経験は、意味のある学び

になったではないかと思います。

　皆さんも、子どもとの出会い、自分の子どもの見方の発見、新たな気づきを楽しみに街へ出てみましょう。

注
1）文部科学省『指導計画の作成と保育の展開』フレーベル館、2013、pp.43-44
2）文部科学省『幼稚園教育要領解説』フレーベル館、2018、p.104
3）同上、p.121
4）筆者の講義では、『映像で見る　子ども主体の保育』（森上史朗監修／福井放送制作、エイデル研究所、2000）所収の「遊びの素材」から、50分30秒〜57分30秒を視聴しています。その他、以下の動画をお勧めします。
　　篠原孝子企画・監修『幼児教育から小学校教育へ』幼児教育映像制作委員会、チャプター「長靴〜小鳥の家作り」の冒頭から2分
　　この演習では、筆者は、あまり保育者が登場しないもの、保育室内でないもの、そして起伏（何事かが起きるようなストーリー性）のあまりないものを選んでいます。保育者の意図やストーリー性等にあまり影響されずに、皆さん自身の感じ方、捉え方で、子どもの行動や表情や言葉等を捉えて記録しやすくするためです。

第10章 多様な保育の場における保育内容①
―― 地域型保育

1 子ども・子育て支援新制度

1.1 子ども・子育てを取り巻く状況

　わが国においては少子高齢化が進み、家庭や子育ての風景も様変わりしています。

　国の人口統計によると、2018（平成30）年9月現在、14歳以下の人口は全人口の12.2％、15歳～64歳が59.7％、65歳以上は28.1％であり、14歳以下の子どもの人口は65歳以上の高齢者の半分以下となっています。また、「平成29年国民生活基礎調査」によると、全世帯数5,042万5千世帯のうち児童（18歳未満）のいる家庭は23.3％と少なく、単独世帯（一人暮らし）が27.0％、高齢者世帯が26.2％と子どもがいない家庭が多くなっていることがわかります。児童がいる家庭のうち44.3％は子どもが一人ということで、子どもの数も減っています。

　家族の風景というと「サザエさん」のような三世代世帯を思い浮かべる人もいるかもしれませんが、実際には、祖父母や孫が同居する三世代世帯は全体の5.8％であり、母子家庭などひとり親家庭世帯の7.2％より少なくなっています（同調査より）。

　一方、子どものいる家庭の母親の就労率は70.8％と10年前の59.4％から急増しており、保育所に子どもを預けて働く母親が増えています[1]。実際、10年前は8.1％だった0歳児の保育所入所率は15.6％、1、2歳児は10年前の27.6％から47.0％と大幅に増えています[2]。保育所待機児童の88.6％は3歳未満児であり、3歳未満児の保育の場が足りていないのが現状です[3]。

　近所に子育て家庭があまりなく、実家も遠方で、子育ての相談ができる人が身近にいないといった状況があります。また、地域でのつながりが薄れ、情報化社会が進む中、ネットなどの情報に振り回されたり、顔の見える関係が減ったりといったことも考えられます。

第10章　多様な保育の場における保育内容①

こうした子育て家庭の状況を踏まえ、社会全体で子育てを支援し、必要とする支援が受けられるようにする仕組みを構築することが求められ、新たな子ども・子育て支援の制度が創設されたのです。

1.2　子ども・子育て支援新制度

2012（平成24）年に子ども・子育て支援法が成立し（翌年施行）、この法律に基づき子ども・子育て支援新制度が創設され、2015（平成27）年に施行されました。新制度は「すべての子どもへの良質な成育環境を保障し、子どもを大切にする社会の実現を目指し」、保育、幼児教育、子育て支援などを総合的に推進するとしています。

また、地域の実情や子育て家庭のニーズに応じた対応や取り組みを行うことができるよう市町村に「子ども・子育て会議」を設置しました。

新制度においては、保育所への入所を希望しても入れない待機児童を減らすために、また、子育て家庭の負担を軽減するために、子育てや保育に係る公的な給付について明らかにしています。特に、これまで別々だった保育所、幼稚園、認定こども園を「特定教育・保育施設」として財政支援を一本化し「施設型給付」としました。また、これまで財政支援があまりなされなかった小規模保育や事業所内保育等を「地域型保育事業」とし、一定の基準を設け「地域型保育給付」を新設しています（図10-1）。

一方、在宅で子育てをする家庭への支援や保護者の多様なニーズに応えるために、「地域子ども・子育て支援事業」として13の事業（第11章表11-1参照）が示され、国が交付金を拠出しています。

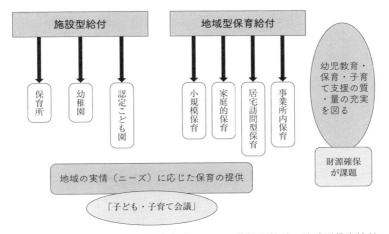

図10-1　子ども・子育て支援新制度における施設型給付と地域型保育給付
出所：厚生労働省行政説明資料より筆者作成

2 地域型保育事業

2.1 地域型保育事業

　保護者のニーズや待機児童の状況などを踏まえて新設された地域型保育事業は、待機児童が多い都市部を中心に主に3歳未満児を少人数で保育します。また、少子化により子どもが減少している地域において、少人数での保育の場を確保するといった役目もあります。

　地域型保育事業として、①小規模保育、②家庭的保育、③事業所内保育、④居宅訪問型保育の4つがあります（表10-1）、それぞれ設置の基準や保育者の資格等について要件があり、それらを審査し市町村が認可します。給付の対象となることで、保護者の保育料の軽減や安定的な運営が期待されますが、保育士資格がない者が保育を担うケースもあり、保育内容や施設整備等にも課題があるといえます。

　地域型保育事業は主に3歳未満児が対象となるため、3歳以降の保育の場が確保されることや、地域の保育所、認定こども園等や子育て支援の場と連携していくことが求められます。また、市町村など関係機関との連絡を密にして、職員が研修に参加したり、情報交換したりするほか、保育所保育指針や健康・安全に関わるガイドライン等を踏まえ、保育していくことが子どもの最善の利益につながります。

表10-1　地域型保育事業の状況

	件数	対象児	定員等
①小規模保育 　A型 　B型 　C型	2,429 （1,711） （595） （123）	0～2歳児	6人以上19人以下
②家庭的保育	958	0～2歳児	5人以下
③事業所内保育	323	0～5歳児	定員20人以上 定員19人以下
④居宅訪問型保育	9	0～2歳児	1対1で対応
	計3,719		

小規模保育のうち、A型は保育所分園等で職員は保育士（有資格者）、B型では保育士の配置は1／2以上と条件が緩和されている。C型は家庭的保育に近いもので職員は家庭的保育者としている。
出所：厚生労働省「地域型保育事業の件数について（平成28年4月1日現在）」

2.2 小規模保育

　小規模保育は、0歳から2歳の子ども（6人から19人）を保育する、文字どおり「小さな保育所」です。保育士の配置要件などからA型、B型、C型の3つの種類があり、認可外保育施設から移行するケースも多くなっています。また、設置主体の半数近くが企業（株式会社や有限会社）ですが、中には保育所を運営する社会福祉法人、幼稚園等を運営する学校法人、病院を経営する医療法人などが設置する例もあります。

　新制度により、小規模保育所は2015（平成27）年から1年のうちに774か所増えて、2016（平成28）年4月には2,429か所となり、さらに増え続けています[4]。

　小規模保育の職員の配置基準や保育室の面積基準は、認可保育所とほぼ同様であり、幼い子どもたちの心身の健康に配慮した保育が行われています。少人数での家庭的な保育であるため、保護者との関わりも密接で、保育者が子育ての良き伴走者になっています。また、地域の保育所等の連携施設の設定が必要であり、保育内容の支援や卒所後の保育を踏まえ、地域において連携していくことが重要です。

> **事例10-1**　小規模保育所「ホームマミーおくさわ」（世田谷区）廣瀬施設長の話
>
> 　地域で「家庭的保育」を行ってきた家庭的保育者（家庭福祉員）たちが集まって起業し、利便性の良い商店街の空き店舗を改装して開設しました。幸い、近所の商店の方々に気にかけていただき、あたたかく見守っていただいています。先日も、プランターの植え替えをしていたら手伝ってくださり、地震があったときには「大丈夫かい？」と顔を出してくださいました。子どもたちも皆さんの顔を覚え、親しみをもって接しています。
>
> 　現在、0歳から2歳まで15人の子どもたちを、様々な職場での経験がある保育士7人で保育し、調理員が自園給食を提供しています。一人一人の成長に合わせ、遊具や絵本を揃えながら丁寧に保育しています。会議では意見を出し合い、柔軟に話し合います。例えば避難訓練の事前打ち合わせでは、誰がどう動くかの詳細をマニュアルに沿って取り決め、実施後に反省会を行い、そこで出た意見を次の訓練時に反映できるようにしています。避難訓練は曜日や時間帯を変えて行い、回数を重ねるごとにスムーズにできるようになってきました。幼い子どもたちの命を守るため、防災対策はたいへん重要です。

2.3　家庭的保育

　家庭的保育は主に保育者の自宅で行われ、0歳から2歳までの子ども（5人以下）を保育しています。一人の家庭的保育者が保育するのは3人までですが、保育補助者がいる場合、5人まで保育することができます。また、子ども一人当たり3.3㎡の保育専用の部屋を確保し、必要な遊具や生活用品を準備します。

　家庭的保育にはすでに長い歴史がありますが、2010（平成22）年より国の制度として家庭的保育事業が児童福祉法に規定され、保育者は「家庭的保育者」と明記されました。家庭的保育者は、一定の研修を修了した保育士、または「保育士と同等以上の知識及び経験を有すると市町村長が認める者」とされています（家庭的保育事業等の設備及び運営に関する基準第23条）。

　国は2009（平成21）年に「家庭的保育事業ガイドライン」を策定しており、家庭的保育者の育成や研修などに活用されています。また、全国の家庭的保育者で組織する連絡協議会があり、保育者同士の情報交換や研修等が行われています。

　0歳、1歳の幼い子どもが家庭に近い環境で保育者に親しみ、また、5人以下という少人数のため子どもたちがきょうだいのように成長するといった様子も見られます。保育者と保護者、保護者同士の信頼関係を築きながら、自治体や保育所等との連携を図っていくことが大切です。

事例10−2　家庭的保育者園田さんの話

　1996（平成8）年より、横浜市認定の家庭的保育者として長年にわたり保育してきました。自宅そばの実家の一部を保育室として、補助員とともに実践にあたっています。現在は給食を作る調理員もいます。

　2015（平成27）年には、新制度により家庭的保育事業として認可されました。市内の家庭的保育者や保育園とも連携を図りながら、子ども一人一人の発達や個性、関心、体調に合わせたきめ細かい保育を行っています。また、子どものいのちを守る取り組みとして保育補助者や子どもの保護者とともに毎年「救急法講習会」を実施しています。今年も、保護者同士の交流を図りつつ真剣に学ぶことができました。

　保育室には、私の父親が作った木製の遊具がたくさんあります。子どもたちはその遊具でごっこ遊びをしたり、積み木やパズルで遊んだりして楽しんでいます。また、近くの公園で地元の保育園の子どもたちと交流したり、近所の方々に声をかけていただいたりと地域との関わりが多くあります。

2.4　居宅訪問型保育

　居宅訪問型保育は、保育を必要とする０歳から２歳の子どもの自宅に保育者が訪問し、１対１で保育します。2016（平成28）年４月現在、９か所で実施されています（表10－1）。保育者は、必要な研修を修了した保育士、または保育士と同等以上の知識及び経験を有すると市町村長が認める家庭的保育者で、子どもの状況に応じて専門的な援助を受けられる施設や医療機関、療育機関等との連携が必要です。

　子どもの障がいや疾病等により集団保育が困難な場合や保育の利用が困難な場合など、子どもの状態に応じた適切な対応が求められます。

2.5　事業所内保育

　事業所内保育は、事業所の中に保育室（所）を設置し、従業員の子どもを保育するとともに、保育を必要とする地域の子どもを保育します。地域枠の定員については、事業所内保育全体の定員規模に応じ、地域の実情に応じて設定します。また、就学前までが保育の対象であり、子どもが20名以上の場合は、認可保育所と同様の職員や面積等の基準が適用され、19名以下の場合は小規模保育と同様の職員や面積等の基準が適用されます。

　2016（平成28）年４月現在、323か所の事業所内保育があり保護者の就労を支援しています（表10－1）。保育室（所）が保護者の職場内にあるので、子どもの体調が悪いときなどは保護者が休み時間に様子を見に来たり、保育者の話を聞いたりすることもできます。

　また、保育指針に基づく保育を行うため、職員が勉強会をひらくことや、地元の自治体等が主催する研修会に参加することもあります。３歳以上の幼児については、地域の保育所に出向いて交流を図り、年齢に応じた体験ができるようにしています。

> **演　習**　地域の小規模保育や家庭的保育、事業所内保育等を訪れ、認可保育所とは異なる保育環境や保育の実際を知り、その利点や課題などについて考えてみましょう。
>
> **発展演習**　グループになって意見交換をしてみましょう。

3 様々な保育の場

3.1 認可外保育施設

　認可保育所の「認可」とは、「児童福祉施設の設備及び運営に関する基準」にある保育室の面積や様々な設備の基準、保育士の数などの配置基準等を満たし、都道府県が認可することにより「施設型給付」を受けている保育所です。子どもが20人以上いることも要件の一つです。また、先に見たように「地域型保育事業」は市町村が認可することで「地域型保育給付」を受けて運営しています。

　上記の基準を満たさず、また、自治体の認可を受けずに保育業務を行う施設を認可外保育施設といいます。このうち、特に待機児童が多い都市部などにおいて自治体が基準を設け、独自に認証し助成を行っている保育施設もあり、東京都等の認証保育所、横浜市の横浜保育室などがこれにあたります。新制度の施行により、認可外保育施設から小規模保育、事業所内保育などの地域型保育事業に移行した施設もあります。

　国は、認可外保育施設における子どもの死亡事故をきっかけに、認可外保育施設の届出制を義務化して、自治体の監督強化を図っています。保育の場にかかわらず幼い子どもの健康と安全が守られ、健やかな成長が等しく保障されなければなりません。地域全体で認可外保育施設等をサポートしたり、施設運営の透明性を確保することが求められているといえます。

3.2 ベビーシッターによる在宅保育

　家庭的保育や居宅訪問型保育に類似するものとして、ベビーシッターによる在宅保育があります。ベビーシッターによる保育は利用者の居宅で行われることが多く、子どもにとっては自分の家庭で過ごせることにより不安が軽減されると考えられます。シッターになるためには乳児保育等に関する一定の研修を受けることが必要であり、特に安全面での知識は不可欠です。

　保護者の突発的、変則的、緊急的なニーズに応えるベビーシッターですが、密室で1対1の保育になりやすいことや、インターネット上の仲介業者を通して利用契約をするなど、サービス実施上の課題は多くあります。厚生労働省は死亡事故の発生を受けて2014（平成26）年に「ベビーシッターなどを利用するときの留意点」を公表し、注意喚起をしています。

3.3 ファミリーサポートセンター

ファミリーサポートセンターは、育児の援助を受けたい会員（依頼会員）と援助を行いたい会員（提供会員）の橋渡しをする相互援助システムです。1994（平成6）年より実施されており、市区町村または公益法人が設置しています。

保育所の保育終了後に提供会員が自宅で預かったり、保育所の送迎を受け持ったり、保護者のリフレッシュや通院など比較的短時間での利用が多くなっています。

新制度において、ファミリーサポートセンターは「地域子ども・子育て支援事業」13のうちの一つとして位置付けられました。2017（平成29）年、全国に863件あり、依頼会員は57万人、提供会員は13万人となっています[5]。地域住民による子育てのサポートが人々を結びつけたり、子どもの存在が地域の人に笑顔をもたらしたりすることが望まれます。

> **演習** 本章であげたところ以外に、どのような保育の場があるでしょうか。自治体の窓口などに出向いて保育や子育て支援に関するパンフレットをもらったり、担当者に話を聞いたりしてみましょう。他の授業で学んだことも振り返ってみましょう。

4　地域型保育事業等の保育内容

4.1　保護者のニーズに応える

これまでわが国においては、認可保育所に子どもを預けて働くか、家庭で子育てに専念するか、乳幼児の保護者（特に母親）はこの二者択一を迫られてきたといえます。

しかし、現在では育児休暇を取得し就労を継続する母親が増えるとともに、子育ての負担感や孤立感を感じて再就職する人もいます。特に1、2歳児の子どもをもつ若い保護者は、経済的な面からも仕事をしたいと願う人が多くなっています。

保護者、特に母親が働き続けることを応援し、仕事と子育ての両立を支え、子どもの育ちを伝え合ったり喜び合ったりする保育者の存在は、保護者にとってよりどころになるといえるでしょう。しかし、今日では、保護者の就労支援のための保育といった側面が注目されがちで、保育の内容や質に関する議論が少ないように思われます。

「待機児童解消」のための量の拡充だけでなく、保育の質の確保のための取り組みがさらに必要であるといえるでしょう。

4.2　地域型保育事業その他の保育内容

　地域型保育事業や認可外保育施設等では園庭がないことも多く、天気がよければ園外を散歩したり、近隣の公園で遊んだりするところが多いでしょう。手作りの遊具や絵本を用意し、家庭的で温かな雰囲気を大切にしている保育施設もあります。

　全体に3歳未満児が多く、危険防止や安全管理が重視されます。近年では乳幼児突然死症候群の防止のためのブレスチェック（睡眠時に10分おきに子どもの呼吸を確認し記録する）やうつぶせ寝を避けることなどが浸透してきましたが、未熟で抵抗力のない乳児には特に安全面、衛生面での配慮が不可欠です。転倒・転落の防護柵や誤飲等の防止策も大切であり、そのための安全点検も重要です。保育現場では安全管理のためのチェックリストを作成し、一人一人の子どもに目をかけ、手をかけ、その健康と安全を保障しなければなりません。

　一方、子どもが自分から動いたり、おもちゃを選んで手にしたり、何度も繰り返して遊びながら興味や関心を高めていくことが大切です。このため、発達に合った遊具や絵本を十分に用意するとともに子どもの探索意欲を伸ばしていくことが求められます。一人一人の様子をよく観察し、遊びのコーナーを作ったり、四季折々の自然に触れて遊んだりできるよう工夫することも大切です。

　多くの保育施設では、保育指針を職員間で読み、確認しながら、その内容を計画に反映させています。特に、保育指針にある養護に関する基本的事項を踏まえ、乳児保育の3つの視点（「健やかに伸び伸びと育つ」「身近な人と気持ちが通じ合う」「身近なものと関わり感性が育つ」）を参考に計画を作成し保育の充実を図っています。また、個別の計画（表10-2参照）を作成し、一人一人の子どもに応じた丁寧な保育を行っています。

表10-2　小規模保育施設の個別の保育計画例

	Kちゃん（1歳2か月・男児）	Yちゃん（10か月・女児）
前月末の子どもの姿	・スプーンを握って持ち、口まで運ぼうとする。 ・午前睡をしなくなるが、午後、早めに眠くなる。 ・歩行の距離が長くなり、バランスを取りながら歩く。 ・トンネルから顔をのぞかせ、他の子と「いないいないばあ」をする姿がある。 ・「はっぱ」「でんでん」などの発語がある。	・家庭での睡眠時間が少ない（8〜9時間）ので、登園後すぐ眠ることが多い。 ・よつばいの姿勢を取る姿が増えている。 ・目の前にある物を口や手で確かめている。 ・わらべうたのしぐさを見て、まねしている。 ・見慣れない人に対して表情が強張る姿がある。
養護に関わる内容	・体を動かし探索活動できる安全な環境を整える。 ・本児の興味や関心に共感しながら、主体的な活動がさらに広がるように適切に働きかける。	・おもちゃの消毒や洗浄を行い、誤飲に気をつける。 ・発達や家庭での生活を考慮し、静と動のバランスや調和を図るようにする。
教育に関わる内容	①スプーンを使って食べる。 ②好きな遊びを満足するまで楽しむ。 ③保育者とわらべ歌や言葉のやりとりを楽しむ。	①よく飲み、よく眠り、安定して過ごす。 ②はいはいで十分に体を動かして遊ぶ。 ③保育者に見守られる中、探索活動を楽しむ。
保育者の関わり・環境構成	・スプーンを口まで運ぶ距離感が取りにくそうなので、本児の意欲を大切にしながら、さりげなく手を添える。また、距離感をつかめるように20〜30cmのチェーンリングを穴の開いた容器に調節しながら入れる遊びを用意し、一緒に楽しんでいく。 ・一人用のマットを活用し、安心してじっくり遊べる環境を整える。また、言葉かけのタイミングなど、一人遊びに適切な関わりを考えていく。 ・わらべ歌に合わせて体を動かしたり、片言で伝えようとしたりする姿に応答的に関わる。本児が好きな電車が出てくる絵本などを選び、本児の発する言葉に応えながら、一緒に楽しむ機会をつくっていく。	・家庭での睡眠時間や体調を把握し、よく飲み、よく寝て、目が覚めたら十分に遊べるようにする。 ・よつばいの姿勢をとるが、ロールクッションや低い段差を用意して、両手で上半身を支えやすいように援助する。また、本児が興味あるおもちゃを自分で取れるよう環境を整える。 ・本児がどのようなものに興味をもっているかを把握し、探索意欲を満たしていけるよう環境を整える。また、「○○だね」と言葉をかけたり一緒に遊んだりして、楽しさを共有していく。 ・人見知りについては不安な気持ちに共感してまるごと受けとめていくようにする。
振り返り・評価	・おしぼりで手を拭こうとしたり、着脱の際、自分から体を動かそうとしたりして、身の回りのことに興味をもっているので、本児の様子をよく見ながら適切な援助をしていきたい。 ・してほしいことがあると、しぐさや片言で伝えようとしている。丁寧に応えて、言葉を使うことへの興味や意欲をさらに高めていく。	・体調が優れず、ミルクの量や睡眠時間が安定しないことが多かった。感染症の予防に努め、健康で過ごせるよう、今後も家庭と連携を密に取っていきたい。 ・よつばいで移動するようになってきた。また、棚につかまって立つ姿も見られる。本児の動きに応じた適切な援助を工夫していく。

> **演　習**　小規模（地域型保育給付）の３歳未満児の保育と、一般的な園（施設型保育給付）の３歳以上児の保育とでは何がどのように異なるでしょうか。実際の保育の場面を想定して考えてみましょう。
> 〔例〕食事の場面／散歩の場面／絵本を見る場面
>
> ....
> ....
> ....
>
> **発展演習**　グループになって意見交換をしてみましょう。

注
1）厚生労働省「平成19年国民生活基礎調査の概況」、2008
　　厚生労働省「平成29年国民生活基礎調査の概況」、2018
2）厚生労働省「保育所の状況（平成20年４月１日）等について」、2008
　　厚生労働省「保育所等関連状況取りまとめ（平成30年４月１日）」、2018
3）厚生労働省「保育所等関連状況取りまとめ（平成30年４月１日）」、2018
4）厚生労働省「地域型保育事業の件数について（平成28年４月１日現在）」、2016
5）厚生労働省「子育て援助活動支援事業（ファミリー・サポート・センター事業）について」

参考文献
天野珠路・北野幸子編『新・基本保育シリーズ１　保育原理』中央法規出版、2019
内閣府「平成30年度版少子化対策白書」、2018
新保育士養成講座編纂委員会編『新保育士養成講座１　保育原理　改訂３版』全国社会福祉協議会、2018
全国保育団体連絡会・保育研究所編『保育白書2018年版』ちいさいなかま社、2018

第11章 多様な保育の場における保育内容②
—— 延長保育・預かり保育

1 保育と子育て支援

1.1 様々な保育や子育て支援の場

　現代においては、保育所における教育も、幼稚園における保育も、保育所や幼稚園における子育て支援もあり、さらに近年では認定こども園も創設され、その他、各地域に様々な保育施設や子育て支援の場があります。子育て家庭が利用したり、活用したり、集ったりする場所やそのメニューが増え、多様化しているといえるでしょう。

　保育所や幼稚園の制度には長い歴史がありますが、子育て支援が制度化され、公費が投入される事業として成立したのはそう昔のことではありません。また、保育所が基本の保育時間以外の延長保育を実施したり、入所児以外の地域の子どもを一時的に保育したり、地域の子育て家庭への相談・援助をしたりするようになったのも近年のことです。さらに、現在では、各地で病児・病後児保育や夜間保育など、保護者のニーズに応えた様々な保育が行われています。

　現在は、多くの幼稚園で4時間の「教育時間」を終えた後の預かり保育を実施しています。保育所と幼稚園の機能を併せ持つ認定こども園も急速に増えており、小規模保育や家庭的保育等の地域型保育事業も各地で実施されています。

1.2 地域子ども・子育て支援事業

　第10章で見たように、新制度の施行により、現在、保育の場は大きく分けて「施設型」の「特定教育・保育施設」（認可保育所、幼稚園、認定こども園）と「地域型保育」（小規模保育、家庭的保育、居宅訪問型保育、事業所内保育）があり、この他に、自治体の認可を受けていない認可外保育施設があります。

　一方、2013（平成25）年に地域子育て支援事業が児童福祉法に位置付けられて以降、

国や自治体からの公費を得て、各地に子育て支援の場がつくられていきました。代表的なのは子育て支援センターや子育てひろばで、主に3歳未満の地域の子どもとその保護者が集い、スタッフが相談に乗ったり、子どもたちが遊んだり、保護者同士の情報交換や交流が行われています。

　新制度において地域子ども・子育て支援事業は「全ての子どもの健やかな成長のために適切な環境が等しく確保されるよう、国若しくは地方公共団体又は地域における子育ての支援を行う者が実施する子ども及び子どもの保護者に対する支援」としています。具体的には13の事業（表11-1）が示され、事業の実施のための費用として国や自治体から交付金が拠出されています。これらの事業には、保護者の多様なニーズに対応し、子育ての負担を軽減しようとする意図があります。

表11-1　地域子ども・子育て支援事業の箇所数等（平成27年度交付金箇所数）

事業名	箇所数	利用状況
①利用者支援事業	930	
②延長保育事業	18,885	88万人
③実費徴収に係る補足給付事業		
④多様な主体の参入促進事業		
⑤放課後児童クラブ	23,619	109.3万人
⑥子育て短期支援事業	1,115	ショートステイ（740か所） トワイライトステイ（375か所）
⑦乳児家庭全戸訪問事業	1,730	
⑧養育支援訪問事業	1,447	
⑨子どもを守る地域ネットワーク事業	444	
⑩一時預かり事業	9,718	518万人（延べ利用数）
⑪地域子育て支援拠点事業	6,818	
⑫病児保育事業	2,226	61万人（延べ利用数）
⑬ファミリー・サポートセンター	769	依頼会員49万人 提供会員13万人

出所：厚生労働省・内閣府資料より筆者作成

1.3　幼稚園における預かり保育

　幼稚園における預かり保育は、幼稚園教育要領の第3章では「教育課程に係る教育時間の終了後等に希望する者を対象に行う教育活動」としています。

　1日4時間を標準とする「教育時間」のあと（教育時間の前も設定する場合もあり）に、保護者の希望によって夕刻まで保育するケースが多く、専任の保育者が主に担当しています。教育要領では「教育活動の計画を作成する」ことや「幼児の心身の負担に配慮する」ことを求めており、日中の担当の教師や家庭との連携も必要です。

「幼児教育実態調査」によると、預かり保育を実施している幼稚園は全体で85.2％、私立幼稚園においては96.5％に及びます（表11-2）。平均利用人数は1園1日あたり18.7人、18時まで実施している園が43.0％、19時まで実施している園が24.3％と、ほぼ保育所と同様に長時間にわたり保育していることがわかります。

　幼稚園は、現在、新制度に移行した施設型給付を受けている園と新制度に移行せず従来どおり私学助成を受けて運営している園と二分しており、預かり保育においてもその財源や位置付けが異なっています。

表11-2　幼稚園における預かり保育

	実施園数	私学助成を受けて実施	新制度における「一時預かり事業」（幼稚園型）で実施	調査回答園数
公立	2,549（66.0％）	―	928	3,865
私立	6,352（96.5％）	4,464	921	6,579
合計	8,901（**85.2％**）	4,464	1,849	10,444

出所：文部科学省「平成28年度幼児教育実態調査」より筆者作成

区分	合計	国立	公立	私立
幼稚園数	10,474	49（0.4％）	3,737（35.6％）	6,688（63.8％）
園児数	1,207,884	5,330（0.4％）	186,762（15.4％）	1,015,792（84.0％）
3歳児	357,309	1,345（0.3％）	35,052（9.8％）	320,912（89.8％）
（うち満3歳児入園）	53,025	―	334	52,691
4歳児	411,642	1,969（0.4％）	67,687（16.4％）	341,986（83.0％）
5歳児	438,933	2,016（0.4％）	84,023（19.1％）	352,894（80.3％）

出所：文部科学省「平成30年度学校基本調査」より筆者作成

事例11-1　幼稚園での預かり保育――M幼稚園　O副園長の話

　当園での預かり保育は、預かり保育専任の先生とパート勤務職員で実施していましたが、今年度より日中担当する教師が週に一度、2時間ほど保育に入り、子どもたちと一緒に過ごす時間をもつようにしました。預かり保育の様子を知り、夕方まで幼稚園で過ごす子どもの気持ちを受けとめ、全職員が子どもや預かり保育への理解を深めていくためです。そして、幼稚園として保護者への支援を手厚くしていきたいと考えています。

　日中の教育時間と異なり、ゆったりとした雰囲気の中、少人数でゲームやごっこ遊びを楽しんだり、積み木、描画や製作に集中して取り組んだり、年下の子どもにやさしく声をかける姿もあります。一日遊んで疲れも出てくるので、子どもの体調などにもいっそう気を配っています。お迎えに来られる保護者の方との会話も弾み、一人一人の子どもの様子を丁寧に伝えることができるのもいいことですね。

> **演　習**　幼稚園実習やボランティアなどの機会に、教育時間での子どもの様子と預かり保育の時間の子どもの様子を観察して、比較したり考察したりしてみましょう。
>
> ....
> ....
> ....

2　多様な保育の場

2.1　延長保育

　認定こども園では、1日4時間の幼稚園利用の子ども（1号認定）と1日8時間または11時間の保育利用の子ども（3歳以上児は2号認定、3歳未満児は3号認定）が混在しています。なお、保護者の就労時間により保育利用8時間は短時間、11時間は標準時間としています。保育所においても保護者の就労時間等により短時間利用と11時間利用があり、保護者の申請により利用時間や保育料等が決まります。

　多くの園では保育標準時間を7時半から18時半としており、それより朝早く、または遅くまで保育する場合は「延長保育」となります。園によっては20時までの保育を行ったり、朝の30分または1時間を延長保育とする保育所等もあります。

　保護者の就労に合わせて保育時間は長時間化する傾向にありますが、子どもの最善の利益を考慮して行わなければなりません。このため保育所保育指針及び幼保連携型認定こども園教育・保育要領では、長時間にわたる保育について以下のように示しています。

【保育所保育指針】【幼保連携型認定こども園教育・保育要領】

発達過程、生活のリズム及び心身の状態に十分配慮して、保育の内容や方法、職員の協力体制、家庭との連携などを指導計画に位置付けること。［保育指針：第1章　総則-3　保育の計画及び評価-（2）指導計画の作成-カ／教育・保育要領：第1章　総則-第3　幼保連携型認定こども園として特に配慮すべき事項-4-（5）］

各現場においては、このことを踏まえ、子どもの心身の状態に配慮した保育を行っています。

> **事例11-2　T保育園での延長保育——A保育士の話**
>
> 　当園の保育時間は7時から20時までです。一日2時間が延長保育事業の対象となり、18時以降保育する子どもにはおにぎりやサンドイッチなどの補食を、19時以降保育する子どもには晩ご飯を提供しています。日によって異なりますが、延長保育を利用する子どもは一日約30名。このうち食事を園で食べる子どもは10名ほどいます。食事は栄養のバランスを考え調理員が丁寧に作っています。保育は遅番勤務の保育士と時間外担当の職員とで行いますが、担任保育士との引き継ぎをしっかりと行っています。また、普段から職員間で子どもの様子を伝え合い、保護者への伝達にも漏れがないよう気をつけています。担任以外の保育士と子どもが関わることも多いので子どもたちが不安になることはありません。
>
> 　延長保育の時間は室内でゆったりと過ごしますが、異年齢での関わりや少人数での遊びが豊かに繰り広げられ、とても和やかな雰囲気です。急いで保育園に駆け込む保護者の「ただいま～！」の声に「おかえり～！」と駆け寄り、保護者に飛びつく子どもの姿を見ると安心して嬉しい気持ちになりますね。

2.2　病児保育

　保護者が仕事をしていく上で、最も心配なことは子どもの病気です。乳幼児は抵抗力が弱く、風邪をひいたり感染症にかかったりします。感染症の中には、麻疹（はしか）やインフルエンザ、水痘（水ぼうそう）など医師の登園許可証が必要なものもあり、集団保育の中でかかりやすい病気もあります。

　国においては2015（平成27）年7月に病児保育事業実施要綱を定め、この中で、病児保育事業は「保育を必要とする乳児・幼児又は保護者の労働もしくは疾病その他の事由により家庭において保育を受けることが困難となった小学校に就学している児童であって、疾病にかかっているものについて、保育所、認定こども園、病院、診療所、その他の場所において、保育を行う事業」としています。

　病児保育事業は、保育所のほか、病院、診療所等に付設された専用スペースで保育する「病児対応型・病後児対応型」、保育中の体調不良児を保育所の医務室や余裕スペースで保育する「体調不良児対応型」、地域の病児・病後児について看護師等が子どもの自宅に訪問し保育する「非施設型（訪問型）」の3つがあります。病児保育では、特に幼い子どもたちの心身の状態に十分配慮し、看護師と保育士が連携しながら適切に保育していくことが望まれます。

病児保育というと皆さんはどのような情景を思い浮かべるでしょうか。ベッドが並ぶ病室のようなイメージでしょうか。病気なのに家とも保育所と違うところに預けられてかわいそうと思うでしょうか。実際には、重篤な容態の子どもはおらず、好きな遊具で遊んだり、保育士に絵本を読んでもらったりと保育室での静かな遊びが数名で繰り広げられています。ぜひ、一度、病児保育の場を見学させていただくとよいでしょう。

> **演習** 自治体のウェブサイトや子育て支援課などの窓口で、病児保育を実施している保育所等を調べて、学生の見学が可能かどうか問い合わせてみましょう。実施園の見学ができたら、気がついたことや、保育士・職員に聞いた話などを記録しておきましょう。
>
> ....
> ....
> ....

2.3　一時預かり事業

　地域の子育て家庭のニーズが高いのは「一時預かり」です。普段は家庭で子育てしている保護者も緊急の用事やリフレッシュのため、あるいは自分の通院や親の介護、冠婚葬祭や不定期の仕事など様々な理由で、一時預かりの場を必要としています。

　一時預かり事業は「家庭において保育を受けることが一時的に困難となった乳幼児を認定こども園・幼稚園・保育所等で一時的に預かる事業」とされています。

　一時預かり保育の内容は保育室の環境を生かし、遊具や絵本などの種類や数を確保し、一人一人の様子を十分把握して行います。保護者から離されて不安になっている子どもも多く、子どもの気持ちに寄り添いながら好きな遊具や遊びを見つけて落ち着いて過ごせるようにすることが大切です。子どもの興味や関心、家庭での過ごし方を事前に保護者から聞き取って丁寧に対応していくことが求められます。

3　多様な保育を進めていくために

3.1　職員間の協力・連携

　どのような現場であっても、保育は常にチームプレイであり、同僚と声をかけ合い、子どもの様子や保育内容について考えたり、伝え合ったりしながら保育を進めていくものです。そのためにも保育の計画を作成し、それを職員間で共有しながら保育を行い、さらに、記録などを通して実践を振り返ることが必要です。保育現場においては計画と記録が重要であり、自分たちの実践をよりよいものにするために欠かすことのできないものです。丁寧でわかりやすい記述を心がけ、それらを活用し、職員間の連携を強めていくことが保護者の信頼にもつながります。表11－3は保育所の年間指導計画にある「延長保育・長時間保育への配慮」の欄ですが、ここには子どもの最善の利益を踏まえ、家庭との連携を大切にする園の姿勢が見て取れます。

　保護者や地域からの要請や保育への期待が高まる現代、園全体で取り組むことが増え、皆で協力しなければならないことが多くなっていることでしょう。その際、できるだけ視野を広くもち、やるべきことの意義やその効果を同僚とともに確認しながら納得して取り組んでいくことが重要です。保護者や地域との連携を図りながら、計画を立て見通しをもって取り組んでいくことが大切です。

3.2　日常保育に根差した多様な保育

　多様な保育は、延長保育や一時預かり、病児保育だけではありません。休日保育を実施している園や、外国籍の子どもの保育（多文化共生の保育）、障がいのある子どもの保育、アレルギーのある子どもの保育など様々です。

　また、地域住民を招いて伝承遊びを教えてもらったり、食育に関する取り組みを一緒に行ったりするなどの活動もあります。こうした様々な取り組みを保育の計画に位置付け、職員間で共有しながら見通しをもって保育していくことが大切です。

　さらに、保育現場では、一人一人の子どもの保育を丁寧に行いながら、個性や多様性を認め合うことが大切であり、保育者のこうした心もちが必ず子どもたちに伝わります。多様な保育を展開していくためにも日常の保育が重要なのです。全職員で保育の基本を再確認し、保育の基盤を強めていくことが多様な保育を適切に行うことにつながります。日常保育に根差した多様な保育の展開が求められます。

表11-3　K保育園年間指導計画（一部抜粋）

延長保育・長時間保育への配慮	子どもの生活リズムや心身の状態への配慮	・子どもの健康状態に留意しながら、甘えたい気持ちを受けとめ、情緒の安定に努める。 ・一人一人の子どもの保育時間や一日24時間の生活の様子を把握し、適切に援助する。 ・子どもの生活時間に応じた保育を行うとともに徐々に夜型の生活リズムの改善が図れるようにする。
	家庭との連携	・保護者のワーク・ライフ・バランスに配慮し、保護者への精神的な支援を心がける。 ・家庭での生活を把握し、保護者の悩みや生活の課題などを聴き取っていく。 ・適切な育児が行われるように、育児についての具体的な助言を行い、連携を図っていく。
	保育環境の整備	・子どもが好きな遊びを十分に楽しめるよう遊具の種類や遊びのコーナーを設ける。 ・友達と一緒に食事等を喜んで食べられるよう温かで家庭的な雰囲気をつくる。 ・体を休めたり、仮眠をとったりできるようなスペースを整える。
	職員の連携・協力	・必要事項の申し送りや保護者への連絡事項をもれなく適切に行う。 ・日中の保育の記録と延長保育時の記録を共有し、翌日の保育につなげるようにする。 ・災害時や不審者侵入時のマニュアルを共有し、防災や防犯への意識をもち適切に行動できるようにする。

演　習　保護者の気持ちになったときに、保育にどんなことを求めるか、どのような援助があったら助かるか考えてみましょう。例えば初めてわが子（乳児）を保育所に預ける保護者は、どのような保育を期待するでしょうか。

発展演習　グループになって意見交換をしてみましょう。

参考文献
内閣府「平成30年度版少子化対策白書」、2018
日本保育学会編『保育学講座2 保育を支えるしくみ』東京大学出版会、2016
新保育士養成講座編纂委員会編『新保育士養成講座1 保育原理 改訂3版』全国社会福祉協議会、2018
全国保育団体連絡会・保育研究所編『保育白書2018年版』ちいさいなかま社、2018

第12章 様々な配慮を要する子どもの保育

　保育所保育指針、幼稚園教育要領、幼保連携型認定こども園教育・保育要領の内容は、すべての子どもがどの施設でも同レベルで保育・教育を受けられるよう、随所で整合性が図られています。そして、これら3つの法令には、障害のある子どもの保育をはじめ、外国につながる子どもやその家族への配慮、虐待の可能性のある保護者への支援なども実践内容として示されています。本章では、こういった様々な配慮を必要とする子どもたちの保育について学びます。

　まずは、障害のある乳幼児の保育についてどういった配慮が必要なのか保育指針に沿って述べていき、その後、教育要領や教育・保育要領を見ていくことにします。

1　「障害のある子ども」の保育

1.1　指導計画の作成

　保育指針には、「障害」という言葉が何度か出てきます。保育指針を冒頭から見ていくと、最初に「障害」が出てくるのは、以下のとおり第1章総則です。

> **保育所保育指針**
> 　障害のある子どもの保育については、一人一人の子どもの発達過程や障害の状態を把握し、適切な環境の下で、障害のある子どもが他の子どもとの生活を通して共に成長できるよう、指導計画の中に位置付けること。また、子どもの状況に応じた保育を実施する観点から、家庭や関係機関と連携した支援のための計画を個別に作成するなど適切な対応を図ること。［第1章 総則-3 保育の計画及び評価-（2）指導計画の作成-キ］

上記の内容は、2017（平成29）年に改定される前の保育指針では「障害のある子どもの保育」という見出しで（つまり独立したかたちで）記載されていました。記述内容自体は改定の前後で変わっていません。ではなぜ、「障害のある子どもの保育」という見出しがなくなったのでしょうか。このことは「長時間にわたる保育」についても同様で、こちらも同じく「（2）指導計画の作成」の一項目に変更されています。

　理由として考えられるのは、長時間の保育や障害のある子どもの保育について特別に取り出して記載するよりも、すべての子どもの指導計画を作成する中で理解することが大切だから、ということです。

　「長時間にわたる保育」は、特定の子どもに限ったことではありません。現代の子どもたちの生活はかつてと比べて大きく変化しています。保護者の働き方が、早朝・夜間のシフト勤務、長時間の時間外勤務などと多様になっており、その影響によって子どもたちの生活も多様化しているのです。どの子に対しても、生活の送り方全体を考える必要があるでしょう。保育指針では「マネジメント」という用語は用いられていませんが、教育要領や教育・保育要領では「カリキュラム・マネジメント」という言葉が今回の改訂から用いられ、園生活における教育・保育活動の「全体的な計画」をしっかりと立てることが目指されました。乳幼児が園で過ごす時間が長くなってきている中で、保育・教育の質を向上させるためには、園生活全体の計画をきちんと考えることが必須条件です。

　同様に「障害のある子どもの保育」についても、特定の子どもだけでなくすべての子どもを対象にしっかりと考える必要があります。就学前の子どもたちの中には、「障害」として医療機関で診断を受けている子もいれば、そうでない子もいます。特に発達障害の場合、乳幼児期では障害の判断がしにくいという事情もあります。自閉症スペクトラム障害（ASD）や注意欠如・多動性障害（ADHD）の場合、小学校入学前に保護者や保育者がその子の特性に気づいていることも多いのですが、限局性学習障害（SLD）の診断は就学前の段階ではとても難しいものです。こういった診断を受けていない子の中にも、「気になる子」が多くいます。

このように考えると、就学前施設で過ごす子どもたちの発達は実に様々です。診断を受けている「障害のある子」、明確な診断名はないけれども周囲の子たちとともに行動するのが難しいなどの「気になる子」、そしていわゆる健常児がいるわけです。しかし、限りなく障害のある子に近い「気になる子」もいれば、発達検査などでは特に指摘はないけれど生活を送る中で気になる子もいるわけで、障害の有無というのは連続的なものです。氷を浮かべたジュースをイメージしてみてください。氷が溶けかかったジュースは、上部が薄く下部は濃い状態になっているはずです。このジュースのどこまでが水でどこからがジュースか、はっきり線引きはできません。同様に、障害の状態を判断するのも容易ではないのです。

　保育に携わる者としては、障害の有無よりも、その子たちをどう支えていくべきかということがより実践的な問題のはずです。読者の皆さんは保育者を目指しているわけですから、そういった診断名がつくかつかないか、またそういった診断名が正しいか正しくないかということを議論するよりも、目の前の子どもたちに対していま自分に何ができるのかを考えるほうが重要です。「障害のある子ども」への関わりを、他の子どもたちと切り離して考えるのではなく、他の子どもたちも含めて「発達過程」や「状態を把握」し、「他の子どもとの生活を通して共に成長できるよう」に指導計画を立てることが求められます。こういった理由から、保育指針等でも「障害のある子どもの保育」や「長時間の保育」などの項目が、包括的に扱われるようになったと考えられます。また、「発達障害」という言葉を特に取り上げていないのも、その子どもたちだけを特別に扱うのではなく、すべての子どもたちに対して個別の配慮をしていこうという考えが読み取れます。

1.2　健康及び安全への配慮

　保育指針においては、第3章「健康及び安全」のうち、「2　食育の推進」の項目にも以下のような「障害」への言及があります。

> **保育所保育指針**
>
> 　体調不良、食物アレルギー、障害のある子どもなど、一人一人の子どもの心身の状態等に応じ、嘱託医、かかりつけ医等の指示や協力の下に適切に対応すること。栄養士が配置されている場合は、専門性を生かした対応を図ること。［第3章　健康及び安全-2　食育の推進-（2）食育の環境の整備等-ウ］

食育については、以前から保育指針で言及されています。また、2005（平成17）年に定められた食育基本法では、健全な食生活の実現、食文化の継承、心身の健康の増進などを目指しています。同法の第5条には以下のように記されています。

　　食育は、父母その他の保護者にあっては、家庭が食育において重要な役割を有していることを認識するとともに、<u>子どもの教育、保育等を行う者にあっては、教育、保育等における食育の重要性を十分自覚し、積極的に子どもの食育の推進に関する活動に取り組むこと</u>となるよう、行われなければならない。

　このように、保護者に限らず、「子どもの教育、保育等を行う者」も食育の重要性を自覚して実践にあたるよう求められています。
　「障害のある子ども」に関していえば、体の障害などにより嚥下が難しい子もおり、とりわけ低年齢児への食事の提供は気をつけなければいけません。また、食べ物ではないものを口へ運んでしまい、誤飲、窒息事故へとつながることも想定されるでしょう。乳幼児の口に入るような小さなおもちゃなどは特に気をつける必要があります。
　こういった事故を防ぐためには2つの視点が必要です。ひとつは事故が起こりそうな状況を排除することです。口に入れてはいけないもの、誤って飲み込む可能性があるものなどは子どもの周りに置かないこと、それを担任だけでなく園全体で共有しておくことが必要です。子どもに何か異変が起こったときに、その原因を特定しやすくするためです。2つめとしては、事故が起こった際の対応を日常的に確認しておくことです。いくら事故予防に努めていても、大人が想定しないような事故が起こる場合もあります。事故発生時の対応マニュアルが園内できちんと準備され、かつそれがすぐに使えるような状態になっているかどうか。こういった点も日頃より確認しておくことが重要です。

演 習　自園調理で食事を提供しているDこども園には、乳製品のアレルギーのある4歳児が通園しています。乳製品を除いた代替食を用意していますが、配膳を間違えたり子ども同士でおかずを交換したりしないかと、園側は食事中も注意を払っています。安全かつ楽しい食事の時間にするために、園や保育者はどのような配慮をする必要があるでしょうか。

1.3　保護者に対する子育て支援

保育指針における「障害」に関する記述は、第4章にも見られます。

> **保育所保育指針**
>
> 　子どもに障害や発達上の課題が見られる場合には、市町村や関係機関と連携及び協力を図りつつ、保護者に対する個別の支援を行うよう努めること。〔第4章 子育て支援-2 保育所を利用している保護者に対する子育て支援-(2)保護者の状況に配慮した個別の支援-イ〕

　上記の内容も、保育指針での構成は変わっているものの、記述自体は改定前の保育指針と変わっていません。先の保育指針の「第6章　保護者に対する支援」が、今回の改定で「第4章　子育て支援」となりました。内容としては、1.1で前述したように、保護者の様々な生活状況、多様な働き方を踏まえた上で、子どもとともに保護者も支えていくことが強調されたようです。例えば「保育所の特性を生かした子育て支援」という項目では、「ア　保護者に対する子育て支援を行う際には、各地域や家庭の実態等を踏まえるとともに、保護者の気持ちを受け止め、相互の信頼関係を基本に、保護者の自己決定を尊重すること」と記されています。子どもの成長や発達を支えるのはもちろん、保護者にも心身ともに健康でいてもらいたいという願いが読み取れます。

　引用した「保護者の状況に配慮した個別の支援」の記述を見ていくと、「子どもに障害や発達上の課題が見られる場合」とあるように、「障害」のある子だけでなく、「発達上の課題」がある子も含めて述べられています。ここでも、障害の有無にかかわらず支援の必要な子どもすべてに対して配慮をするという姿勢が貫かれています。そして、園内ですべてを解決するのではなく、「市町村や関係機関と連携及び協力」が必要であると記されています。

　かつてと比べ、保育者の役割は多岐にわたっています。在園児だけではなく、その保護者も含めて支えていくことが必要となりました。また、家庭や地域の実態はいっそう多様になり、子どもたちの生活経験の幅にも差が出ています[1]。子どもたちとその家庭に対して、園ではどういった生活や経験を保障していくべきなのか、園周辺の地域の実情を踏まえた上で考える必要があります。

1.4　様々な保護者への対応

　障害の疑われる子どもの保護者への対応方法も様々です。以前、3歳児健診で筆者が心理士として発達相談を受けていた際、その点を痛切に感じました。

例えば、3歳の誕生日を迎える時期にはすでに3語文が表れ、多くの場合、大人との会話も成り立ちます。そんな中、1語文、単語レベルでの発話のみの3歳児がいたとしましょう。まず、そのような親子が発達相談に来る時点で、保護者が言葉の遅れをとても心配している場合と、そうではない場合があります。心配している保護者は、言葉だけでなく他の発達面についても過剰に気にしていることがあります。全く気にしていない保護者の場合は、発達を促すような関わり方についていろいろと話をしても受け流してしまいます。

　どちらの保護者がよいかということではありません。いずれの保護者も、本人の性格が子どもに対する向き合い方を定めているようなところがあります。子どもの発達を気にしている保護者の場合、自宅で「訓練」のように発話を練習させたりもします。しかし、話すたびに修正されるのが嫌になり、発話自体が減ってしまうことも考えられます。こういった保護者には、言葉の発達の全体像を示しつつ、いまその子がどういった状態にいるのかをまず伝えるのが有効です。子どもとおもちゃなどを介してやりとりしながら、発話は少なくても理解はできていることや、言葉には出ないけれども遊びの中に本人の意思が読み取れることなどを丁寧に説明できると、保護者も過剰な心配から解放され、ゆったりとした気持ちで子どもと向き合えるようになるでしょう。

　一方、全く心配していない保護者の場合、家庭内での言葉がけや遊びの経験が長期的に不足する恐れもあり、後々子どもの発達に影響を及ぼすことも考えられます。保護者にそのような傾向を感じた場合、子どもが生活の中で言葉に親しむ機会を増やせるように、日常における子どもとの関わり方をさりげなく伝えていくとよいでしょう。

　これらの例は心理士としての関わり方を示したものですが、保育指針の記述にも「保護者に対する個別の支援を行うよう努めること」とあったように、保護者に対しても一人一人理解しつつ、個別の支援を行っていくことが求められます。保育指針のこの記述は、「専門家としての保育者」の役割の一つを明確に示しているといえます。

演習　3歳児を担当しているあなた（保育者）のところへ、保護者から「うちの子、周りのお友達よりも言葉が遅いみたいなんですが…」と相談がありました。その子は発音が幼く、使える言葉の数も少ないのですが、遊びの様子を見ていると楽しそうに友達とやりとりをしています。あなたは、保護者に対してどのように話をするでしょうか。

…………………………………………………………………………………………
…………………………………………………………………………………………
…………………………………………………………………………………………

2 他機関との連携

　教育要領の総則には「特別な配慮を必要とする幼児への指導」が記されており、教育・保育要領にもほぼ同じ内容が示されています。以下は、教育要領からの引用です。

> **幼稚園教育要領**
> 　障害のある幼児などへの指導に当たっては、集団の中で生活することを通して全体的な発達を促していくことに配慮し、特別支援学校などの助言又は援助を活用しつつ、個々の幼児の障害の状態などに応じた指導内容や指導方法の工夫を組織的かつ計画的に行うものとする。また、家庭、地域及び医療や福祉、保健等の業務を行う関係機関との連携を図り、長期的な視点で幼児への教育的支援を行うために、個別の教育支援計画を作成し活用することに努めるとともに、個々の幼児の実態を的確に把握し、個別の指導計画を作成し活用することに努めるものとする。［第1章 総則－第5 特別な配慮を必要とする幼児への指導－1 障害のある幼児などへの指導］

　園では、子どもたち皆で活動する機会も多くあります。このような活動が多いことによって、一人一人の意思を表現しにくくなる傾向も否定できませんが、一方、皆で一緒に活動する楽しさや信頼感を味わうなど、領域「人間関係」に関わる部分や、「10の姿」の一つである「協同性」の育ちの根幹になっている側面もあります。しかし障害のある幼児の場合、学級の中で皆と同じく活動をすることが難しい場面も多々あります（章末の事例・演習課題参照）。そんなときは、今、他の子どもたちと一緒に活動をすることがその子にとってどういう意味をもつのか考えてみることが必要です。
　例えばその子にとって皆と同じ場にいることがとても苦痛だとしたら、無理にその場に縛り付けておこうとする保育者は、その子にとっては「とても嫌なことをしてくる大人」でしかないのです。「集団の中で生活することを通して全体的な発達を促していく」と教育要領にあるのは、学級の中の閉じた話ではなく、園全体で子どもたちの総合的な発達を促していくという意味と捉えてよいでしょう。気になる子のいる保育では、担任や補助の保育者だけにその子を任せるのではなく、園全体で子どもたちの発達を支えていくことが必要です。まずは登園してきて、園生活を心地よいものと感じてもらうことが第一です。その上で、子どもたちにとって今必要なことは何なのかを考え、その少し先を、環境を通して提示するのが保育者の役割です。あまりに高い「目標」を掲げて強要するのでは、楽しい園生活という土台自体が揺らぎかねま

せん。

　また、教育要領では、「特別支援学校などの助言又は援助を活用」とも示されています。これは何も幼稚園に限ったことではありません。保育所や認定こども園においても、特別支援学校や他の専門機関に助言を求めることは、とても貴重な機会となります。この章の前半で述べたように、保育者の役割は多様化しています。そんな中、すべてを担任あるいは園だけで解決しようとするのは無理がありますし、子どもや保護者への支援も行き詰まってしまいます。園内の連携、そして園外の専門機関との連携を上手にできることもこれからの保育者に求められる重要な役割といえるでしょう。近隣に特別支援学校がなくても、近くの小学校には特別支援教育のコーディネーターなど障害児の保育・教育に詳しい人がいます。そのような園外の専門家からもアドバイスをもらいながら、普段の園生活を考えていくことはとても効果的です。

事例12−1　障害のある子どもと環境の調整

　A幼稚園では障害の疑いのある子どもを積極的に受け入れています。そのような子どもたちが徐々に増える中で、関わり方について保育者が悩む場面も増えてきたため、大学の特別支援教育の専門家を招いて勉強会を行いました。保育者たちは、それまで自らの困り感を減らすことに意識が向いていましたが、勉強会の中で丁寧に検討することによって、一番困っているのは対象児自身であるという理解が深まっていきました。

　園では、勉強会で得た知見を生かして、対象児が落ち着いて過ごせるような環境構成を検討・実践しています。例えば、集まりのときに園庭で遊んでいる子どもたちの姿が刺激にならないようカーテンを引く（下図参照）、廊下を通る多くの子どもたちの姿が目に入らないよう衝立を使う、といった工夫です。こういった環境の調整を「構造化」（structured）といいます。勉強会を通して、障害のある子どもを「困った子」と捉えるのではなく、その子が困っている状況に対してどう対処していくかというように考え方が変わったそうです。勉強会は定期的に行われ、今では保護者を交えて、障害のある子どもの育ちに関する座談会形式の話し合いも行われています。

2013（平成25）年に、障害を理由とする差別の解消の推進に関する法律（障害者差別解消法）が制定され、障害のある人への「合理的配慮」(reasonable accommodation)が求められるようになりました。これは、障害のある子どもや大人が生活を送る上で障壁を感じないよう、行政機関や事業所等はできる限り便宜を図らなければいけないということです（同法第5条）。園内には、障害のある子どもたちにとって障壁となることがまだまだ多くあるはずです。今後どういった配慮が必要か、園内の職員が集まって一緒に考えることが必要でしょう。

3　多文化共生の保育

「様々な配慮を要する子どもの保育」について見てきましたが、そのポイントの一つは、様々な保護者のもとから通ってくる多様な子どもたちをいかに支えていくか、ということです。前述したように、保護者の考え方、働き方も様々です。その保護者とともに、いろいろな子どもたちがいるわけです。「多様化した保育の需要」ということが保育指針の中で示されていますが、乳児保育はもとより、長時間の保育、病児保育など就学前施設におけるその役割の重要性は増す一方です。子どもの親であり、かつ多忙な労働者でもある保護者を支えるため、就学前施設や保育者に期待されることはたくさんあります。

保育指針の「保護者の状況に配慮した個別の支援」という項目に、「外国籍家庭など、特別な配慮を必要とする家庭」という文言があります。統計にも表れているように、外国にルーツのある住民も増えています[2]。外国につながる家庭の場合、子育てをはじめ様々な習慣や生活文化も異なりますから、園にも新たな支援体制が求められます。

> **事例12−2　文化の違いと保育実践**
>
> 　東南アジアのとある国から一家で日本に移住したアリフくんは、幼いときから左手を使うのが楽なようで、保育所での生活動作を見ていると左利きのようです。ところが、アリフくんの保護者からは、「宗教上の理由で、うちの子には左手を絶対に使わせないでほしい。もし使うようだったら左手を縛り付けてもいい」と言われました。日常生活における文化の違い、多様性を尊重すべきだと保育士たちも理解していますが、保護者の要求どおりに左手を縛り付けるわけにはいきません。明らかに虐待になってしまいます。いったいどう対応したらよいのか、担当の保育士だけでは解決できず、園内で相談をすることにしました。
>
> 　園内での話し合いの結果、アリフくんが左手を使ったときには、注意喚起のために声をかけつつ、右腕にトントンと軽く合図をし、右手を使うよう促すという提案を主任保育士から保護者に伝えました。保護者は、もっと強い対応をするよう求めてきましたが、個別の面談を重ねることでようやく保育士の対応策を受け入れてくれました。

　外国につながる子どもが増えている現在、日本と諸外国の文化の違いによって、保育を行う上で課題となる場面が今後増えるかもしれません。そのような場合、事例12−2でも示したように、園内でしっかりと議論を重ね、園側の考えを丁寧に保護者へ伝えていくことが必要となるでしょう。

　「特別な配慮を必要とする家庭」は外国につながる家庭だけとは限りません。例えば虐待のリスクが高い家庭も存在します。力を背景にした虐待は、強者から弱者へと向かう傾向があります。DV（ドメスティック・バイオレンス）が発生している家庭では、暴力が父親から母親へ、そして子どもへと波及することも想定しておかなくてはなりません。そもそも子どもの前でDVを繰り返している状況は、児童虐待の定義に見られる4分類の一つ「心理的虐待」に該当するのです。また、貧困を背景にした虐待（ネグレクトなど）も存在します。さらに障害のある子どもについては、その育児の難しさから保護者のストレスが高まっているケースも多く、それらを引き金に虐待が起こるケースもあります。厚生労働省「子ども虐待による死亡事例等の検証結果等について」（第14次報告、2018〔平成30〕年）によれば、子どもの虐待死では0歳児が最も多く、全体の65.3％を占めています。その事実を考えると、保育者が虐待にいち早く気づくのはもちろんのこと、虐待が疑われるケースに最大限気を配ることも重要な役割となります。特に子育てが難しいような障害の疑われる子がいる家庭については、園全体で目を配りながら、子どもだけでなく保護者も一緒に支えていく姿勢が必要です[3]。子どもや保護者の気持ちに思いを寄せ、保育者としては、子どもたち

第12章　様々な配慮を要する子どもの保育

の生活を支える大人として何ができるのかを一緒に考えていくことが最も重要でしょう。

では、本章で学んできたことを踏まえて次の事例を読み、演習に取り組んでみてください。

事例12－3　発達の全体像の捉え方

　3歳から幼稚園に入園してきたマサトくんは、発語が非常に少なく、自分から言葉を発することがめったにありません。たまに発する言葉は聞き取りにくいものが多く、周りの子たちはあまり理解できていないようです。早生まれということもあり、年齢的な幼さなのか何らかの発達的な課題があるのか、今の時点でははっきりしません。母親の話では、3歳児健診で言葉の遅れを指摘されたものの、知的側面については何も言われていないそうです。マサトくんは一人で遊んでいることが多く、絵を描いたり積み木を積んだりして過ごしています。遊んでいるときの様子からは、何を描きたいか何を作りたいかのイメージはあるようで、保育者も一緒に遊ぶと嬉しそうにしています。

演　習　①あなたが、事例12－3のマサトくんを担当する保育者だとしたら、今後どのようにマサトくんを援助していくでしょうか。

　　　　　②保護者とはどのように連携していけばよいでしょうか。

発展演習　グループになって意見交換をしてみましょう。

注
1）家庭の経済的な困難が、いわゆる「体験（経験）格差」につながり、子どもの人生に長期的な影響を及ぼすことが様々な研究によって検証・指摘されています。内閣府「子供の貧困対策に関する大綱─全ての子供たちが夢と希望を持って成長していける社会の実現を目指して」など参照。
2）法務省「在留外国人統計」などを参照。
3）厚生労働省「子ども虐待対応の手引き」（平成25年8月改正版）には、保護者の心身の不安定さや被虐待経験、発達や子育てに関する知識不足、子どもの養育の難しさ（未熟児、障害児など）、経済的困窮や社会的孤立などが、虐待発生のリスク要因として示されています。

参考文献

厚生労働省編『保育所保育指針解説』フレーベル館、2018

無藤隆・汐見稔幸・砂上史子『ここがポイント！3法令ガイドブック—新しい『幼稚園教育要領』『保育所保育指針』『幼保連携型認定こども園教育・保育要領』の理解のために』フレーベル館、2017

汐見稔幸『さあ、子どもたちの「未来」を話しませんか—2017年告示新指針・要領からのメッセージ』小学館、2017

全国保育士会編『「保育所保育指針中間とりまとめ」のポイント—改定の基本的方向性 平成30年度施行対応版』全国社会福祉協議会、2016

第13章 小学校教育との接続

1 小学校教育との接続をなぜ問うのか

1.1 小1プロブレム

　日本では、小学校入学前の子どものほとんどが、保育所、幼稚園、認定こども園などの集団保育施設に通っています。つまり、集団保育施設を卒園して小学校に入学するという流れが子どもにとって一般的なコースとなっており、この流れはその後、小学校から中学校へ、中学校から高等学校へ、高等学校から大学へと続いていきます。

　この流れの中で、それぞれ次の段階へ進むときに、子どもの生活、学びの環境は大きく変わります。例えば、小学校から中学校に進学したときのことを思い出してください。学級担任がほとんどの教科を担当していた小学校から、教科ごとに担当教員が変わる中学校へ、という違いだけでも、中学1年生にとっては劇的な変化だったのではないでしょうか。

> **演　習**　高等学校から大学・短期大学・専門学校などに進学したときに感じた「ギャップ」をあげてみましょう。
>
> ....
> ....
> ....
>
> **発展演習**　そのギャップの要因として考えられることを話し合ってみましょう。

　保育の場における生活が小学校入学時に大きく変わることによって、子どもたちがスムーズに適応できない場合があります。そのような状況に伴う学級運営上の課題は「小1プロブレム」と呼ばれ、次のように説明されています。

①授業不成立の現象を中心としたもの
②学級が本来持っている学び・遊び・暮らしの機能が不全になっている
③小学校1年生の集団未形成の問題[1]

そして、小1プロブレムが起きる要因としては以下の点が指摘されています。

1）保育所・幼稚園等と小学校とのカリキュラムの違い
2）家庭における教育観の多様化や教育力の低下
3）基本的な生活習慣の問題
4）塾や習い事の増加
5）保護者の高学歴化や学校（教師）への畏敬の念の欠如
6）心と体の成長・発達の変化
7）新たな対人関係の形成の難しさ
8）発達障害児等への適切な対応ができていない　など[2]

保育の場と小学校の接続という観点からいえば、上記8項目の中で最も関係が深いのは1）保育所・幼稚園等と小学校のカリキュラムの違いでしょう。何がどのように違うのか、具体的に見ていきましょう。

1.2 「教科」と「領域」

小学校の学校教育において、その基準となる教育内容を示しているのは学習指導要領です。そこには、「教科」「特別活動」といった、学校教育の柱となる内容が書かれています。特に「教科」は、小学校教育を説明する上で基本を成すものでしょう。本書の第8章、第9章で「領域」について学んだと思いますが、「教科」は「領域」とは異なる性格のものです。

> **演　習**　小学校の各教科（国語、算数、図画工作、体育など）で学んだ内容を具体的にあげてみてください。

「教科」について簡単に説明すれば、特定の学問分野の中から（国語であれば、国語学から、算数であれば数学から）、子どもに伝えたい内容を精選しまとめたもの、となります。学びの内容の範囲はあらかじめ決まっているので、国語の時間に体操をしたり、音楽の時間に漢字の練習をする、といったことはよほどの例外でない限りは起こりえません。独立して存在している教科の名称あるいは教科の内容が、子どもの活動を各教科ごとに一対一対応で規定している、ともいえるでしょう（図13-1）。これは、子どもの姿を総合的に捉える視点である「領域」と大きく異なります（図13-2）。「領域」は、その名称や内容が子どもの活動を規定することはありません。

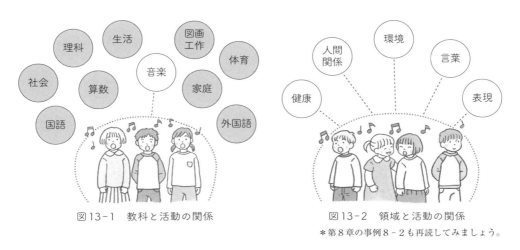

図13-1　教科と活動の関係　　　　図13-2　領域と活動の関係
＊第8章の事例8-2も再読してみましょう。

1.3　到達目標と方向目標

保育者が保育実践の中で日常的に行っている、子どもの育ちに対して「ねらい」を設定して関わり、その「ねらい」の達成に向けて具体的な保育内容を構想し、実践し、省察するという行為は、小学校教師にも当てはまります。ただし、「ねらい」などの「目標」の捉え方が、保育現場とは異なります。

一般に、保育者が設定するねらいは方向目標が中心、小学校の教師が設定するねらいは到達目標が中心といわれます。以下に引用する2つのねらいを、下線部と傍点部を意識しながら比べてみてください。なお、ここでは領域「言葉」と教科「国語」を比較対象としますが、言うまでもなく、領域「言葉」がそのまま教科「国語」に直結するものではありません。この点については、第8章、第9章での学びから確認してください。

幼稚園教育要領　保育所保育指針　幼保連携型認定こども園教育・保育要領

言葉

〔経験したことや考えたことなどを自分なりの言葉で表現し、相手の話す言葉を聞こうとする意欲や態度を育て、言葉に対する感覚や言葉で表現する力を養う。〕

1　ねらい
（1）自分の気持ちを言葉で表現する楽しさを味わう。
（2）人の言葉や話などをよく聞き、自分の経験したことや考えたことを話し、伝え合う喜びを味わう。
（3）日常生活に必要な言葉が分かるようになるとともに、絵本や物語などに親しみ、言葉に対する感覚を豊かにし、先生や友達と心を通わせる。〔教育要領、保育指針、教育・保育要領のいずれにおいても第2章に記載〕

小学校学習指導要領

第1節　国語／第1　目標

　言葉による見方・考え方を働かせ、言語活動を通して、国語で正確に理解し適切に表現する資質・能力を次のとおり育成することを目指す。

（1）日常生活に必要な国語について、<u>その特質を理解し適切に使うことができるようにする。</u>
（2）日常生活における人との関わりの中で伝え合う力を高め、思考力や想像力を養う。
（3）言葉がもつよさを認識するとともに、言語感覚を養い、国語の大切さを自覚し、国語を尊重してその能力の向上を図る態度を養う。

　まず、学習指導要領の下線部を見てください（下線は、学習指導要領だけに引いてあることにも着目してください）。この部分の具体例としては、ひらがなやカタカナの読み書きができる、文章を書く力を身につける、などが連想されるのではないでしょうか。国語の時間に子どもが学ぶ代表的なものです。この目標の達成度は、子どもが「ひらがなが書けたか、書けなかったか」「文章が書けたか、書けなかったか」によって、その達成が十分だったか、不十分だったかが決まります。目に見えた行為、行動によって目標達成が図られる、といってもよいでしょう。そのため、一人の教師の判断であっても、一定の妥当性は確保されます。

　次に、幼稚園教育要領の傍点箇所を見てください。「楽しさを味わう」「喜びを味わう」などの目標（ねらい）の達成度は、判断が難しくなります。なぜなら、楽しさや

喜びの味わい方、その表現方法は一人一人違うからです。このタイプの目標は、保育者の設定した目標の方向に子どもの気持ちや心情が向かっているか、という観点で捉えます。そして、目標の達成についての判断は、子どもの内面を読み取りながら行うことが不可欠です。それゆえ、一人の保育者のみで判断する場合の評価の妥当性に関して不確実な面があります。できたか／できなかったか、という点で判断する、下線部分との大きな違いです。

戸外で遊ぶ中で、多様な動きを楽しむ

図13-3　方向目標の例

支持しての揺れや上がり下り、ぶら下がりや易しい回転をする

図13-4　到達目標の例

　下線部分のような目標を「到達目標」、傍点部分のような目標を「方向目標」と呼びます。すると、保育者がもつ目標は方向目標型で、小学校の教師がもつ目標は到達目標と方向目標の混在型であることがわかります。この混在型という部分が、保育の場と小学校教育の接続を考えるときに重要な役割を果たします。これについては後述します。

演習　小学校時代の通知票（通信簿）を思い出してください。国語、算数などの教科の評価（5・4・3・2・1）と、行動の記録欄に書かれている評価の内容について、自分にとっての「納得度」を比べてみてください。そして「納得度」に違いがあるとき、その理由はどこにあるのか考えてみましょう。

1.4 「生活」「遊び」と「授業」

本書の各章で学んできたように、小学校に入学するまでの子どもの園生活は、「生活」と「遊び」を中心にしたものです。子どもは、ゆるやかな時間設定の中で自分で選び、自分で決める機会が十分保障され、一人一人の興味や関心に沿った学びを、保育者の援助によって深めていきます。

あらかじめ決められた内容が保育者によって提案され、皆で一斉に取り組む、という時間もあります。ただし、それはあくまで、子どもの自発的な活動をサポートする位置付けのものです。また、保育者の教育的な意図は、周囲の環境を通して子どもに対して間接的に伝わる、という特徴もあります。

一方、小学校の授業は時間割が明確であり、学びの内容も原則的には事前に決められています。学級という単位で、同一の時間に、同一の内容を皆で一緒に学ぶのが授業です。そして、教師のねらいは主に言葉を通して、直接的に子どもに伝わります。小学校に入学した子どもが、このスタイルにいかにスムーズに移行していくかは、保育の場と小学校の接続を考える際の重要なテーマの一つです。

2 アプローチカリキュラムとスタートカリキュラム

2.1 「ゼロスタート」ではない

小学校への入学は子どもにとって一大イベントですし、小学校から義務教育が始まることを考えれば、小1の段階が、一般的に「スタート地点（ゼロ地点）」だと思われるのは無理もないかもしれません。しかし、保育の場と小学校教育との接続を考えるとき、小学校入学の時点をゼロ地点とは考えません。陸上競技のリレーに例えれば、保育の場ですでにスタートしている子どもの生活から、小学校での生活にバトンを渡

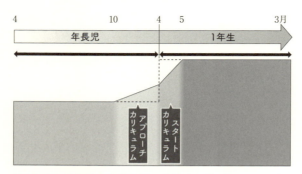

図13-5　幼児期から児童期へ連続する学びのイメージ
出所：上越教育大学教職大学院木村吉彦研究室／妙高市立新井南小学校／五十嵐崇人・梅川広樹「保・小連携による一貫性のある教育の実現―新潟県妙高市立新井南小学校の学校支援より」を参考に作図

していくイメージです。図13-5を見てください。幼児期から児童期へのバトンタッチのイメージがつかめると思います。

2.2　幼小接続期カリキュラムとは

　保育の場から小学校教育への接続をリレーに例えましたが、仮に第1走者を保育の場、第2走者を小学校とした場合、第1走者が作成するカリキュラムをアプローチカリキュラム、第2走者が作成するカリキュラムをスタートカリキュラムと呼び、両者を併せて幼小接続期カリキュラム（保幼小接続期カリキュラムと表現されることもあります。以下、接続期カリキュラムと略）と呼びます。現状では、この接続期カリキュラムの具体的な実践にまで至っている自治体は限られていますが、「平成20-23年度に幼小接続期カリキュラムが作成されたのは51自治体、平成24-27年度は96自治体であった。4年間で幼小接続期カリキュラムの作成・改善に取り組んだ自治体が約2倍に増加していたことが示された」[3]と報告されているとおり、実践している自治体数は増加傾向にあります。ただし、同時に「カリキュラム内容には幅があり、カリキュラムの概要のみ、スタートカリキュラムの生活適応に関する内容のみ、入学後1週間の週案のみなども見られたことから、幼小接続期カリキュラムの意義の周知と、カリキュラムに求められる観点の提示等が必要と考えられる」[4]と指摘されており、接続期カリキュラムが広く浸透し実践されるためには、その内容や実践方法について、今後さらなる議論の積み重ねが必要であることもわかります。

アプローチカリキュラム
　就学前の幼児が円滑に小学校の生活や学習へ適応できるようにするとともに、幼児期の学びが小学校の生活や学習で生かされてつながるように工夫された5歳児のカリキュラム

スタートカリキュラム
　幼児期の育ちや学びを踏まえて、小学校の授業を中心とした学習へうまくつなげるため、小学校入学後に実施される合科的・関連的カリキュラム[5]

　図13-6は、アプローチカリキュラムからスタートカリキュラムへのつながりをまとめたものです。図を左から右に目で追っていくと、「課題」「幼児期の終わりまでに育てたい子どもの姿」「定着させたい力」などが、小学校での学びのベースとして考えられていることがわかります。また、「スタートカリキュラムの工夫」（図右下）に

図13-6 保幼小接続期カリキュラム

	0歳〜年長8月《保育所・幼稚園》	9月	10月	11月	12月	1月	2月	3月	4月（1年生）《小学校》	5月
		アプローチカリキュラム →							スタートカリキュラム	

【アプローチカリキュラム期の課題】
- 基本的生活習慣の定着と個人差がある
- 場や相手にふさわしい適切な言葉使いや態度に弱さが見られる
- 最後までやり抜く継続性や精神力がない幼児がいる

【スタートカリキュラム期】
- 思いが通じない時に、手が出たり、トラブルになったりする児童がいる
- 自分中心的な行動が見られることがある
- いろいろなことに興味関心はあるが、自分の苦手なことや嫌なことには消極的である

【主体的に学ぶ】
- 確かな学力
  - 学習意欲のある
  - 基礎・基本を身に付け、いかに社会変化しようとも、自ら課題を見付け、自ら学び、コミュニケーション能力があり、思いやるとも主体的に判断し、行動し、より良く問題を解決する資質や能力
- 豊かな心
  - 自らを律しつつ、他人と協調し、他人を思いやる心や感動する心など豊かな人間性
- 健やかな体
  - たくましく生きるための健康や体力

各校の教育課程に基づいた学習
国語、算数、生活、音楽、図画工作、体育、道徳、特別活動等

大単元
第1期 はじめまして 25時間
第2期 がっこうだいすき 16時間
第3期 みんななかよし 11時間

スタートカリキュラムの特徴
①一人ひとりの活動時間を確保し、活動的な学習内容を多く取り入れる
②コミュニケーションの力を大事にする
③具体的な「楽しむ」「慣れる」「親しむ」などに関わる内面の育ちを大切にする
④児童が主体的に活動に取り組み、安心して活動するための教師の支え
⑤複数の教科の目標や内容を組み合わせた合科的な扱いに取り組む
⑥弾力的に経験・活動の場を設定する工夫
⑦多様な指導方法や指導形態と小学校の教育的工夫

《 》の中は、接続期の子どもの姿を小学校教育の視点から捉えた

【定着させたい力】
◆確かな学力につながる基礎
- 学習意欲を支える基礎
- 好奇心、思考力、探究心、意欲等
- 学びの芽生え
- コミュニケーションの基礎（文字）、数量等
- 図形、長さ、ことば（文字）、数量等

◆豊かな心につながる基礎
- 規範意識
- 自尊感情
- 人間関係

◆健やかな体につながる基礎
- 基礎的生活習慣
- 食
- 健康・安全

☆A市の保幼小接続の課題

【主な経験内容・活動】
1. 体を動かして遊ぶ楽しさをみんなで力を合わせて喜びを味わう
2. 物や文字に興味関心を深め、遊び生活に取り入れる
3. 自然に慣れ、自然を通して感じたことや気づいたことを遊びに生かす
4. 友だちと互いに考えや思いを出し合いながら、協力して楽しさを感じ工夫して発達する
5. 劇遊びや音楽遊びごっこ遊び等
6. 異年齢児との遊びを通して、自信をもって活動しようとする
7. 異年齢児との遊びや当番活動を通して、自信をもって活動する

1. 自分たちで遊びが進むように工夫し、もっている力を十分発揮できるようにする
- 話し合いの中で、数えたり、並べたり、比べたりしながら、遊びを進めていく
2. 遊びの中で、数えたり、文字への興味や関心の高まりを十分に発揮する力を大切にする
3. 季節の変化を生活の中で多く取り入れ、身近な環境の中の様々なものの出会いの中で気付きや発見を大切にしていく
4. 十分遊び込めるよう当番活動や場を設定し、いろいろな場面を通して、工夫したり、認め合ったり、励まし合ったりする気持ちを大切にする
5. 自分たちで遊びを考えたり、遊びを工夫したりしながら、友だちと一緒に遊び進めていくことで楽しさや創造性を味わう
6. 今まで経験した遊びの中で、楽しさが広がるような場面を作る
7. 異年齢児との遊びを通して、自信をもって活動する

【留意点】
1. 生活習慣の見直し（早寝、早起き、朝ごはん、はみがき等のリズム）
2. 歳の違いの中で、助け合ったり、協力し合い、認め合い、共に育つ
3. 文字への興味・関心、事前指導及び情報交換会

【保幼小交流】
交流・交通・保幼小 第1回保幼小交流活動
保幼小合同研修会 第2回保幼小交流活動（秋の交流活動・一日入学）
第3回保幼小交流活動（一日入学）

【子ども】
- 生活習慣の見直し（早寝・早起き・朝ごはん・はみがき）
- 子どものよい面や成長している姿を伝える

【教職員】
- 尾中映里、尾中和佳「保育所・幼稚園と小学校の接続に関する研究－小学校入学前（5歳児後半）からのカリキュラムのあり方について」高知県教育センター平成24年度研究報告書

【家庭】
- 保護者への期待や不安を知り、適切に対応する
- 集団生活を通して、協力し合い、認め合い、学び合う関係
- 学校体験、学校見学等

出所：小松和佳・尾中映里「保育所・幼稚園と小学校の接続に関する研究―小学校入学前（5歳児後半）からのカリキュラムのあり方について」高知県教育センター平成24年度研究報告書

ある記述は、小学校教育が保育の場におけるセオリーの一部を組み込もうとしていることを示しています。①と③を以下に抜粋します。

①児童が主体的に活動でき、安心して活動が行えるような環境を設定する
③幼児期に経験してきた、「遊びを通して総合的に学ぶ」指導方法や指導形態を小学校の教科の学習や生活に取り入れる

3　学力の3要素と保幼小の接続

　第1章で取り上げた、小学校以降の学校教育における学力の3要素について思い出してください。学力の3要素とは「知識及び技能」「思考力、判断力、表現力等」「学びに向かう力、人間性等」の3つです。そして、この3つの基礎を育むのが保育の場の役割であり、3要素は保育の場と小学校以降の学校教育を貫くものとして考えられている、と説明しました。
　この点を振り返った上で、本章1.3（到達目標と方向目標）で引用した、小学校学習指導要領（国語）の文言を再掲します。

（2）日常生活における人との関わりの中で伝え合う力を高め、思考力や想像力を養う。
（3）言葉がもつよさを認識するとともに、言語感覚を養い、国語の大切さを自覚し、国語を尊重してその能力の向上を図る態度を養う。

　傍点を付けた箇所は、方向目標として説明しました。そして、方向目標は保育の場における目標の特徴であるとも述べました。「思考力や想像力を養う」「態度を養う」などの表現は、方向目標として目指すものであり、保育の場においては常に重視されてきた性質のものです。
　小学校教育が目指す方向の中に、保育の場が重視してきた考え方が組み込まれていることは大きな意味をもちます。この部分が、保幼小接続のつなぎ（接着剤）の役割を果たすことが期待できるからです。
　実際に、教科の一つである生活科の目標は、以下のとおり、方向目標としての性格が読み取りやすいものになっています。

（1）活動や体験の過程において、自分自身、身近な人々、社会及び自然の特徴やよ

さ、それらの関わり等に気付くとともに、生活上必要な習慣や技能を身に付けるようにする。
（2）身近な人々、社会及び自然を自分との関わりで捉え、自分自身や自分の生活について考え、表現することができるようにする。
（3）身近な人々、社会及び自然に自ら働きかけ、意欲や自信をもって学んだり生活を豊かにしたりしようとする態度を養う。

　保育の場の年長児と小学校1年生の年齢差は、わずかです。保育実践の中で「発達過程」という表現が用いられる理由は、子どもの発達は、前の段階と次の段階が重なり合いながら進んでいく、という考えがあるからです。その意味でも、年長児から小学校1年生の発達を支える保育者及び小学校の教師が、この「重なり合う部分」を意識して実践に向き合うことが重要です。

注
1）新保真紀子『小1プロブレムの予防とスタートカリキュラム─就学前教育と学校教育の学びをつなぐ』明治図書出版、2010、p.7
2）三浦光哉編著『5歳アプローチカリキュラムと小1スタートカリキュラム─小1プロブレムを予防する保幼小の接続カリキュラム』ジアース教育新社、2017、p.12
3）渡邊恵子（研究代表）「幼小接続期の育ち・学びと幼児教育の質に関する研究〈報告書〉」国立教育政策研究所、2017、p.44
4）同上、pp.46-47
5）小学校学習指導要領解説の生活編には、合科的・関連的な指導について次のような説明があります。「合科的な指導とは、教科のねらいをより効果的に実現するための指導方法の一つで、単元又は1コマの時間の中で、複数の教科の目標や内容を組み合わせて、学習活動を展開するものである。また、関連的な指導とは、教科等別に指導するに当たって、各教科等の指導内容の関連を検討し、指導の時期や指導の方法などについて相互の関連を考慮して指導するものである」。

第14章 現代社会の特質と保育内容

1 なぜ現代社会の特質を問うのか

1.1 幼稚園教育要領等の内容と社会

現行の幼稚園教育要領、保育所保育指針、幼保連携型認定こども園教育・保育要領は、2017（平成29）年に改訂されたものです。平成29年度になぜ改訂の必要があったのか、その理由として以下のような経緯があります。

①変化が急速で予測が困難な時代に対応できる人が求められている。
②少子化や核家族化、地域のつながりの希薄化が進み、共働き家庭が増加している。
③子どもが地域の中で人々に見守られながら群れて遊ぶという自生的な育ちが困難になっている。
④乳幼児と触れ合う機会が乏しい状態で親になる者が多い。身近な人から子育てに関する助言が得にくい。
⑤子育てに対する不安、負担感、孤立感を抱く人が多い。[1]

こういった現代の諸問題を背景に、教育要領などの作成・改訂が行われています。そのため、現代社会の特質を問うことは、これからの保育内容を考える上で重要な意味をもつと考えられます。

1.2 情報化社会と保育内容

「変化が急速で予測が困難な時代」の特質として、ここでは「情報化」に焦点を合わせて考えてみます。大辞林では、「情報化社会」を以下のように説明しています。

社会的に大量の情報が生み出され、それを加工・処理・操作するための機構が巨大化し、人々の意思決定や行動に大きな影響を与えるに至った社会。情報社会。

　情報を素早くキャッチしながら最小限の労力で最大の効果を求めることは、私たちにとって、もはや当たり前のことになっています。例えば、カーナビやスマートフォンの存在を考えてみてください。これらの機器がない時代に、目的達成（ドライブ旅行など）のために割いた時間が現在と比べてどれほど長かったか、考えるまでもありません。渋滞を事前に察知して抜け道を通る、などということは夢物語でした。
　こういった点では、情報化社会の進行に対して、両手をあげて賛成したくなります。筆者自身、カーナビやスマートフォンなしの生活は考えられません。けれども、視点を変えると、弱点（らしきもの）も見え隠れします。それは、自分で考えて行動を決定する、という部分の欠落です。例えばドライブをしていて道に迷ったとき、カーナビがない時代は、地図を見ながら適切と思われるルートを自分で考えて選択していました。その結果道に迷ったり誤ったルート選択をした場合は、改めて自分で考え直します。これを繰り返して目的地を目指していたのです。もちろん、時間はかかります。

　日本語としての正確さについては定かでありませんが、最近、「スピード感をもって」という表現をしばしば見聞きします。「できるだけ早く物事を進め、結果を出す」という意味で使われているのでしょう。このような傾向が強くなった社会では、曖昧なもの、はっきりしないものはあまり歓迎されません。判断に時間がかかり、「非効率的」だからです。可視性が高い（一見してわかる）、明確な結果が好まれます。
　では次に、情報化社会の特徴と保育内容の関係について考えてみましょう。ここでは、情報化社会を説明するときのキーワードとして、「効率性追求（最小の労力で最大の結果）」「時間短縮」「ムダの排除」「結果の可視性」を頭に置いてください。このキーワードを軸に、教育要領などに示されている保育内容を確認すると、気になる点があります。

「効率性重視」「時間短縮」
　保育の場では、子どもの入園から卒園までを見通してカリキュラムを作成し、日々の保育においては環境に保育者のねらいを込め、その環境に子どもが主体的に関わることを通じてねらいの達成を図っています。この方法は、言葉を通した直接的な指示に比べると効率的ではなく、時間もかかるでしょう。

「ムダの排除」
　保育実践において、子どもに対する保育者の読み取りが外れることは珍しくありません。そのため、保育者は日常的に保育環境を再構成します。また、子どもの学びの過程では、試行錯誤する機会を保障することが重視されています。

「結果の可視性」
　子どもの意欲や心情などの育ちを目標（方向目標）として設定する保育実践の場合、保育者の働きかけの意図や、子どもの育ちの結果は、第三者が一見して確認できるとは限りません。

　これらを見ると、情報化社会における「当たり前」と、保育内容における「当たり前」には、かなりの隔たりがあることがわかります。この点について、私たちはどのように受けとめればよいのでしょうか。
　まず、保育内容がなぜ、「非効率的」で「時間をかけて」、「ムダ」に思えるようなことを大切にし、「非可視的」な成果を重視するか、について考えてみましょう。保育実践に対して、「無意図的な働きかけを意図的に行う行為」という説明がされることがあります。その背景に、子どもの育ちに対して教育的な機能を発揮していた家庭や地域共同体の力が衰えた現在、その機能を代替する機関として、幼稚園や保育所等が期待されていることがあります。家庭や地域には、必ずしも教育や保育の専門職がいるわけではありません。教科書や指導計画の類いもありません。けれども子どもは、日常的な生活や遊びを通して、また周囲の大人の生活ぶりを見てまねることを通して成長していたのです。「無意図的な教育」の世界です。意図性が低く、組織性や計画性も高くないこの世界の教育は、子どもが学びを深める過程に時間を要し、子どもが様々な失敗を繰り返すことが許され、気がついたら成長していた（日々の成長の結果が確認しにくい）という側面があります。このような状況での教育のエッセンスを、意図的・計画的に保育者が代替することから、「無意図的教育を意図的に行う」という表現が使われるのです。

では次に、情報化社会における「当たり前」が保育内容の基本姿勢と異なることを踏まえて、社会の中で保育内容はどのような立ち位置であるべきか考えてみましょう。現代社会が情報化社会である事実を前提に検討していきます。

1.3　保育の質の向上と実践の可視化（ICTの活用）

筆者は、情報化社会との接点をみつけ、必要に応じて保育内容に修正を加えるという提案をしたいと思います。

まず、教育要領などに記されている、保育内容に関する基本姿勢を維持することを第一に考えます。なぜなら、この基本姿勢は、現在の子どもの生活実態を踏まえ、子どもの育ちを支える上で適切と考えられる事柄が整理されているからです。それを一言でいえば、子どもが園生活の中で、遊びに代表される主体的な活動を通した学びの機会、試行錯誤を重ねながら興味関心のあることに取り組む機会が保障され、園生活そのものが子どもの育ちを支える場として機能する保育を行う、ということです。

その上で、保育現場で情報化社会の要素をどう生かし、共存していくか、について考えます。「効率性重視」「時間短縮」「ムダの削除」という点からいえば、私たちの生活に浸透している情報機器を記録に活用する、という考えはどうでしょうか。例えば、保育実践記録や指導計画などを、手書きからパソコンでの作成に変えた場合、どのような効果が考えられるでしょうか。作成がスムーズになるぶん子どもとゆっくり関われる、より多くのエピソードが記録できる、振り返りや園内での共有時に読みやすくなる、といったことが期待できないでしょうか。また、保育者がウェアラブルカメラを装着することで、保育者の資質向上を図る取り組みも始まっています[2]。

「効率性重視」「時間短縮」と聞くと、「手抜き」という印象をもつかもしれません。けれども、社会の中で当たり前に使われている道具を使うことによって、より必要度の高い作業に時間をかけることができ、結果として保育の質の向上が期待できるのであれば、情報機器などを積極的に活用していくべきと考えます。

演　習　現在、日常的に使われているICT機器（スマートフォン、タブレット端末など）の中で、保育実践に活用可能なものは何でしょうか。

発展演習　具体的にどのように活用することが考えられるか話し合ってみましょう。

次に「可視性」についてです。本書で述べてきたように、保育実践には、「不可視的」な部分が多いのは事実です。方向目標という目標設定である以上、これは逃れられない要素です。加えて保育者の指導、援助内容も「不可視的」な部分が少なくありません。下の図を見てください。そして、保育者A、保育者Bそれぞれの保育の意図について考えてみてください。

図14-1　保育者A：クラスの子どもたちを集めて、絵本の読み聞かせ

図14-2　保育者B：砂場で、子どもと一緒に泥団子作り

　第三者が保育の様子を見たときに、保育者Aについては、どのような意図で保育を行っているのかおおよその見当がつくでしょう（絵本のおもしろさを知ってほしい、言葉に興味をもってほしい、など）。保育者が、保育者としての専門性を発揮して仕事をしていることが明確に第三者に伝わりやすい、といえるかもしれません。

　一方、保育者Bはどうでしょう。保育者Aに比べて、第三者に保育者の意図が伝わりにくいと思いませんか。極端な場合、「子どもと一緒に楽しそうに遊んでいる」というイメージだけが残って、保育者としての仕事をしているかどうかですら、第三者には伝わらない可能性もあります。保育者Bは、遊びの中で子どもが物の性質や数の概念などに親しんでいることを読み取り、どのように関わろうか考えているかもしれないのに、です。

イギリスの教育社会学者バーンステイン（Basil Bernstein）は、教育を「見えるペダゴジー（教育）」と「見えないペダゴジー（教育）」に分けて説明しました。前者は小学校以降の学校教育において多く見られます。教師の意図が、第三者に明確に伝わりやすい教育です。保育者Aの関わりは、「見える教育」の要素が多いといえるでしょう。

　一方、「見えない教育」は、子どもの興味関心を重視し、環境を通して間接的に教育的な意図を子どもに伝えるスタイルの教育で、保育の場ではこのスタイルを基本としていますが、傍から見て教育的な意図を、明確に知ることは困難です。なぜなら、その意図は保育者自身の胸の中にしまわれているからです。

　前述したように、現代社会では「結果の可視性」が求められます。「見えない教育」はこの点で、現代社会の傾向とは相反する性格をもっているといえますが、保育実践は方向目標という見えにくい目標を中心に進められていくものであり、子どもの心情や意欲や態度を育むことを目指していることから考えれば、実践の結果を可視的に示すことはかなり難しいといえるでしょう。

　しかし、結果を可視化することは難しいものの、園生活における子どもの姿を日々記録し、保育者の意図が示された指導計画を作成するという実践の過程（プロセス）を、（プライバシーの保持を前提に）開示することは可能です。先ほどの保育者Bについていえば、昨日まで砂場での子どもの様子はどうだったか、それに対して保育者Bはどのような意図で子どもと関わるつもりなのか、といったことを言語化し外部に開いていくことで、見えなかった部分の一部が見えるようになります。そして、このような取り組みは、保育者の専門性を社会に対して発信していくことにも貢献します。

前日までの子どもの姿
・この2か月ほどの間に、だんだん一つの遊びに熱中する姿が見られるようになった
・仲良しの友達と砂場に出る姿
・砂山作りを楽しんでいる
・本で見た、ピカピカの泥団子に憧れ（保護者談）

ねらい
友達と協力して活動に取り組む楽しさを味わう

子ども理解
興味のある活動（泥団子作り）を自分から見つけることができている。友達と試行錯誤しつつ、集中して活動に取り組む力がついてきている。

図14-3　保育者Bの思考プロセス

情報化社会の特徴は、保育内容の性格とマッチしない面があることを述べましたが、保育の場が現代社会の中に存在していることは間違いないですし、子どもが現代社会の中で生きていることも事実です。その社会から保育の場だけを遊離させることは現実的ではありません。教育要領などに示されている保育の基本的な考え方を、今の社会の中でどのように具体化することが望ましいのか、今後も考え続けていくことが必要でしょう。

2 「保育サービス」の問い直し

2.1 サービスとニーズ

現在、保育の場で子育て支援のための様々な取り組みが行われています。それ自体は極めて重要な取り組みで、今後もより成果が期待されるものです。また、保育の場と保護者や家庭は子育てにおいて緊密な関係にあることが目指されています。

ところで、子育て支援について調べていると、しばしば「保育サービス」や「保育ニーズ」という言葉を目にします。そして、これらの言葉が保育内容との関連のもとで使われることがあります。「保護者からの保育ニーズに対応して、保育サービスとして保育内容を構想する」「保護者受けする保育内容を考える」といった言い方です。ニーズとは要求を意味し、サービスは奉仕を意味します。先ほどの文章の表現を変えると、「保護者からの要求に対応して、奉仕として保育内容を構想する」となります。やや違和感を覚えませんか。

2.2 サービス・ニーズと保育内容

その違和感がなぜ生じるかといえば、「相手のニーズに従い、要求のままにサービスする」というニュアンスが、子ども理解に努め、その育ちに対して願い（ねらい）をもって関わるという保育行為とは異質なものだからです。サービス概念について以下の説明があります。

> サービス（service）という概念は、ある者が他者に奉仕するという意味で類似語に従者（servant）があるように、ここには働きかける側に明確に他者の望ましい変化を期待し、最終的にはかかわる対象者の自立を願うという教育（educate）という意味は含まれていない。[3]

この説明を読むと、サービス概念の意味に忠実に従った場合、保育内容を構想し実

践する行為と、サービスをする行為の間にはズレがあることがわかります。なぜなら、保育内容には、「働きかける側（保育者）が明確に他者（子ども）の望ましい変化を期待し、最終的にはかかわる対象者（子ども）の自立を願う」という要素が多く含まれているからです。

　相手のニーズを把握することは重要です。大切なことは、そのニーズが子どもの育ちにとってどのような意味をもつか、確認・検証するステップを必ず踏むということです。確認・検証のステップとは、園での子どもの様子、保育者が子どもに対して抱く願い（ねらい）などと、保育ニーズを照合することです。単に保育ニーズに合わせて保育内容を考えるのではなく、その照合作業の末に保育内容が構想され実践されるべきなのです。

> **演　習**　一部の園で、いわゆる「保護者（利用者）受け」する保育内容が実践されている背景として、どのようなことが考えられるでしょうか。
>
> **発展演習**　グループになって意見交換をしてみましょう。

3　社会との関係で保育内容を考える

　本書は、保育内容に関する公的な文書（教育要領など）や、保育の場での実践事例などが軸になっています。ここで皆さんに伝えようとしてきたのは、保育に関わる者としてまず知っておいてほしい、共通の理解としてほしい基本的な考え方です。

　けれども、実際に保育の場へ目を転じると、共通理解されている内容と必ずしも同じではない、多様な保育内容が存在していることも事実です。教科書どおりでは説明できない保育内容もあります。そのときに、保育の基本姿勢と、今の社会の実態や傾向とを照らし合わせながら考えることが重要です。そうすることによって、現代を生きる子どもたちにとって、より現実的で、よりふさわしい保育内容が見えてくる可能性があるからです。

注

1）文部科学省編『幼稚園教育要領解説』フレーベル館、2018、p.2および厚生労働省編『保育所保育指針解説』フレーベル館、2018、p.3を要約。
2）岩田遵子「保育者の「身体知」獲得におけるウェアラブルカメラの可能性（2）－保育者の「見え」の成立を可能にする条件」『日本保育者養成教育学会第1回大会研究論文集』、2017、p.36
3）小川博久『保育者養成論』萌文書林、2013、pp.53-54

執筆者紹介（執筆順）●

神田伸生（かんだ のぶお）［編著者］　　　▷序章
鶴見大学名誉教授。主著に『改訂 保育の原理と課題』（白鷗社、2009）、『保育の基礎を培う保育原理』（分担執筆、萌文書林、2012）など。

髙橋貴志（たかはし たかし）［編著者］
　　　　　　　　　▷第1章、第4章、第13章、第14章
白百合女子大学人間総合学部初等教育学科教授。主著に『これからの保育者論』（萌文書林、2017）、『コンパス保育内容環境』（共編著、建帛社、2018）など。

天野珠路（あまの たまじ）▷第2章、第10章、第11章
鶴見大学短期大学部保育科教授。主著に『写真で紹介 園の避難訓練ガイド』（編著、かもがわ出版、2017）、『新・基本保育シリーズ1 保育原理』（共編著、中央法規出版、2019）など。

請川滋大（うけがわ しげひろ）　　▷第3章、第12章
日本女子大学家政学部児童学科教授。主著に『子どもの育ちを支える発達心理学』（共編著、朝倉書店、2013）、『保育におけるドキュメンテーションの活用』（共編著、ななみ書房、2016）など。

片川智子（かたかわ ともこ）▷第5章、第8章、第9章
鶴見大学短期大学部保育科准教授。主著に『改訂 保育内容総論』（分担執筆、建帛社、2018）、『演習 保育内容「人間関係」』（分担執筆、建帛社、2019）など。

由田 新（よしだ あらた）　　　　　▷第6章、第7章
千葉明徳短期大学保育創造学科教授。主著に『保育指導法』（分担執筆、同文書院、2007）、『保育学の展望』（共編著、文化書房博文社、2013）など。

本文デザイン・DTP●滝澤ヒロシ（四幻社）

本文イラスト●藤原ヒロコ

装画●渡邉悠子（iriki）

装幀●川村格夫（ten pieces）

演習 保育内容総論——保育の総合性を読み解く

2019年8月10日　初版第1刷発行
2024年4月 1 日　初版第3刷発行

編著者　　神田伸生・髙橋貴志
発行者　　服部直人
発行所　　株式会社 萌文書林
　　　　　〒113-0021　東京都文京区本駒込6-15-11
　　　　　TEL 03-3943-0576　FAX 03-3943-0567
印刷・製本　シナノ印刷株式会社
©Nobuo KANDA and Takashi TAKAHASHI 2019
ISBN 978-4-89347-350-9　Printed in Japan

落丁・乱丁本は送料弊社負担でお取り替えいたします。
本書の内容の一部または全部を無断で複写・複製・転記・転載することは、著作権法上での例外を除き、著作者および出版社の権利の侵害となります。本書からの複写・複製・転記・転載をご希望の場合はあらかじめ弊社宛に許諾をお求めください。